图书馆智能化管理与阅读服务

马 腾 王振兴 孙 娜 ◎著

中国书籍出版社
China Book Press

图书在版编目（CIP）数据

图书馆智能化管理与阅读服务 / 马腾，王振兴，孙娜著 . -- 北京：中国书籍出版社，2023.8
ISBN 978-7-5068-9495-1

Ⅰ.①图… Ⅱ.①马… ②王… ③孙… Ⅲ.①智能技术-应用-图书馆管理-研究②智能技术-应用-图书馆服务-研究 Ⅳ.①G251-39②G252-39

中国国家版本馆 CIP 数据核字（2023）第 131655 号

图书馆智能化管理与阅读服务
马　腾　王振兴　孙　娜　著

图书策划	邹　浩
责任编辑	吴化强
责任印制	孙马飞　马　芝
封面设计	博健文化
出版发行	中国书籍出版社
地　　址	北京市丰台区三路居路 97 号（邮编：100073）
电　　话	（010）52257143（总编室）　（010）52257140（发行部）
电子邮箱	eo@chinabp.com.cn
经　　销	全国新华书店
印　　厂	北京四海锦诚印刷技术有限公司
开　　本	710 毫米×1000 毫米　1/16
印　　张	11
字　　数	210 千字
版　　次	2024 年 1 月第 1 版
印　　次	2024 年 1 月第 1 次印刷
书　　号	ISBN 978-7-5068-9495-1
定　　价	68.00 元

版权所有　翻印必究

前 言

在信息化社会飞速发展的今天,图书馆作为信息服务、知识服务的社会主体之一,需要以满足读者个性化需求为目标,以智慧技术为手段,以共享、高效、便利为特征,打造智慧管理,营造智慧化阅读服务新生态,推动阅读服务从内容到形式的深刻变革与发展。

基于此,本书以"图书馆智能化管理与阅读服务"为题,首先,阐述图书馆管理概述、图书馆智能化管理的有效性、图书馆智能化管理模式实现路径、图书馆智能化管理与辅助决策方法、国外高校图书馆智能化管理与服务的启示;其次,论述图书馆智能化管理的相关内容、图书馆智能化管理的技术运用、图书馆智能化管理的个案分析;再次,分析图书馆阅读推广与智能化,内容涉及图书馆阅读推广概述、人工智能时代高校图书馆阅读推广服务模式、低成本智能图书馆让阅读立体化、打造智能而有序的公共阅读场所——图书馆自动化建设、融媒体时代高校图书馆阅读推广困境与创新、碎片化阅读背景下高职图书馆服务策略、公共图书馆资源数字化开发及阅读推广、面向"沉浸式"阅读的智慧图书馆个性化信息服务架构、基于知识传递的图书馆文献资源智能阅读推广策略;最后,探索图书馆智能化阅读的构建、图书馆智能化阅读的个案研究。

作者写作力争全书结构严谨、内容翔实、结构科学、论述清晰、客观实用,力求达到理论与实践相结合,具有时代性、实用性等特点,有助于实务工作者进一步思考和探讨相关知识在日常工作中的应用。本书可供广大图书馆智能化管理与阅读服务相关从业人员、高校师生与知识爱好者阅读使用,具有一定的参考价值。

本书在写作过程中,得到了许多专家、学者的帮助和指导,在此表示诚挚的谢意。由于笔者水平有限,加之时间仓促,书中难免有疏漏之处,希望各位读者多提宝贵意见,以便笔者进一步修改,使之更加完善。

目 录

第一章 图书馆管理与智能化 1

第一节 图书馆管理概述 1

第二节 图书馆智能化管理的有效性 9

第三节 图书馆智能化管理模式实现路径 13

第四节 图书馆智能化管理与辅助决策方法 14

第五节 国外高校图书馆智能化管理与服务的启示 22

第二章 图书馆智能化管理的相关内容 25

第一节 图书馆设备管理的智能化发展 25

第二节 图书馆智能化消防安全管理 31

第三节 图书馆智能化系统运维管理策略 35

第四节 图书馆工作中智能化门禁管理系统的应用 38

第三章 图书馆智能化管理的技术运用 44

第一节 图书馆智能化管理的资源共享平台 44

第二节 基于物联网的图书馆智能化管理 48

第三节 RFID 技术与图书馆智能化管理 52

第四节 机器人在图书馆智能化管理中的应用 56

第五节 基于无线传感器网络的图书馆智能化管理创新 58

第六节 智能化 OA 系统在图书馆智能化管理中的应用 64

第四章 图书馆智能化管理的个案分析

第一节 人工智能背景下图书馆智能化管理策略研究
——以 ZQ 图书馆为例 ……………………………… 66

第二节 高校图书馆智能化管理研究
——以河南财经政法大学图书馆座位预约系统为例 …………… 67

第三节 高校图书馆的智能化管理与服务
——北卡罗来纳州立大学图书馆带来的启示 ………………… 70

第四节 基于 RFID 技术的高校图书馆智能化管理创新
——以东北大学图书馆为例 ………………………… 73

第五节 图书馆智能化管理读者服务工作——以兰州大学图书馆为例 …… 75

第六节 图书馆智能化管理语音技术应用 ………………………… 80

第五章 图书馆阅读推广与智能化

第一节 图书馆阅读推广概述 …………………………………… 87

第二节 人工智能时代高校图书馆阅读推广服务模式 ……………… 96

第三节 低成本智能图书馆让阅读立体化 ………………………… 104

第四节 打造智能而有序的公共阅读场所——图书馆自动化建设 …… 106

第五节 融媒体时代高校图书馆阅读推广困境与创新 ……………… 109

第六节 碎片化阅读背景下高职图书馆服务策略 ………………… 112

第七节 图书馆资源数字化开发及阅读推广 ……………………… 114

第八节 面向"沉浸式"阅读的智慧图书馆个性化信息服务架构 …… 116

第九节 基于知识传递的图书馆文献资源智能阅读推广策略 ……… 120

第六章 图书馆智能化阅读的构建 ········ 124

第一节 数字图书馆智能阅读场景的构建 ········ 124
第二节 公共图书馆无人值守智能阅读空间建设 ········ 129
第三节 人工智能和公共图书馆绘本阅读服务 ········ 132
第四节 多元智能理论下公共图书馆少儿阅读推广 ········ 137
第五节 智能虚拟助手助力公共图书馆读者开展数字阅读 ········ 140
第六节 多源数据融合驱动的图书馆智能化阅读推广平台设计 ········ 144

第七章 图书馆智能化阅读的个案研究 ········ 148

第一节 智能化时代高职图书馆移动阅读服务创新 ········ 148
第二节 基于"互联网+"的高职图书馆智慧服务研究
——以大连职业技术学院图书馆智能化经典阅读推广服务为例 ········ 152
第三节 图书馆多元化阅读推广活动研究——以上海交通大学为例 ········ 156

参考文献 ········ 164

第一章 图书馆管理与智能化

第一节 图书馆管理概述

一、图书馆的基础知识

"图书馆在当今社会发展中肩负着重要使命，承载着教育、传承、交流、休闲等社会职能，亦是大众的精神归属。"[①] 图书馆承担着文化传播等重要的责任和使命，面对的是所有群众，其服务对象应该是全体社会人员，要使他们通过最简单、直接的方式获得所需要的信息；科研服务的顺利开展离不开图书馆的支撑，要时刻紧跟最新项目，将图书馆的资源有效利用起来，以此作为未来科研的依据，作为综述撰写、信息检索的重要支撑；图书馆的公益特征，从根本上决定了它和其他机构之间不存在激烈的竞争，更多发挥的是一种保障价值。此外，图书馆提供的服务更加侧重于基础型，而其他机构提供的服务更加侧重于特殊型。

（一）图书馆的特征

1. 图书馆的基本性

图书馆基本性是切实保障居民读书的权利，人人共享的图书馆需要有相应的资源作为保障，而最基本的实现途径就是建设更多的图书馆，保障覆盖率，这样才能使人们的资源利用更加便捷。我国采用省级划分的形式，要求全部省份应该做到全面覆盖。在未来，城市范围的不断扩张势必会带来图书馆的相对短缺，我们需要不断加强建设，满足群众的文化需求。只有图书馆的书籍藏量足够多，服务水平才能跟得上。藏量是我们判断区域文化水平的一项基本指标。

2. 图书馆的便利性

图书馆的便利性是指让读者在阅读的过程中能够以更快、更简单的方式享受到图书馆所

[①] 曾亚芳. 由精神容器至公共场域 [D]. 杭州：中国美术学院，2020：1.

提供的各项服务，让读者不再忍受等待的痛苦。"图书馆的价值由图书馆的利用者与馆藏间的相互吸引力而产生，图书馆的核心价值则是对其作为社会机构的社会职能的本质回归。"①图书馆要将便利性作为一个重要的考核指标，通过多元化途径，有创意、有目的地引导读者从中获得满足感，真正营造服务至上的氛围，让便利性成为图书馆建设的重要原则。

3. 图书馆的公益性

图书馆的公益性是它最基本的特征，是指所有阅读者都能够通过各种途径享受到公共单位所提供的各种阅读服务，在这个过程中，不管是哪一个成员都能免费享受相关服务，这也是图书馆建设的最根本诉求。正是由于图书馆的这一特征，图书馆的免费开放程度才会提升，我国的公共文化建设才获得了崭新的发展空间，对其下一步的健康发展具有不可替代的关键意义。图书馆的公益性在于不管是哪一个读者都能够被公平地对待。它的职责之一就是让公共资源被大众所使用，使得社会发展更加稳定，公众权益得到最大化保护。

（1）充分发挥图书馆公益价值，能够使公共利益得到最大化保护。经济基础为图书馆发展提供了丰厚的土壤，图书馆对于自身应该有明确的定位，和其他图书馆资源互补，进而使所有的资源能够被整合在一起，使得每一个图书馆都形成自己的建设特色与优势。正是因为图书馆具有明显的公益性，这样他们各自才能彼此联系在一起，在统一的思维和理念的引领下，树立崇高的责任感，牢牢把握读者的阅读诉求，使得读者能够获得更为多样的体验。

（2）充分发挥图书馆公益价值，能够惠及更多读者。图书馆是全民建设的结晶，它是读者智慧的集中体现，也是所有民众思维的高度凝结，从这个角度而言，它是所有群众利益的体现与凝结。图书馆资源应当为民众共享，每个人都有权利享受它所提供的每一项服务。遵循公益性这一基本诉求，社会当中就会多一分公正，读者也有了阅读自己想读书籍的权利。公益图书馆不能设置准入门槛，所有成员都有使用它的权利，都有享受相关服务的权利。正是这种资源共享的宝贵性，使得更多的人员参与到图书馆建设当中，使其受众范围明显扩大。

（3）充分发挥图书馆公益价值，能够确保工作高效开展。图书馆的这一性质也就决定了从业人员思维当中应建立起一种崇高的公共意识。他们会认为自己所从事的工作是为了民众，为了广大民众的诉求能够被最大化满足。社会的认可、读者的信赖都会成为他们提升服务质量的动力源泉，在这一动力驱使下，图书馆建设就会更加具有活力。各个图书馆才会去思考自己的出路以及创新的方向，工作业绩自然获得大幅提升。

---

①李易宁. 图书馆核心价值的争论——在图书馆的社会职能中探寻其核心价值［J］. 图书馆, 2015 (2)：23.

(4) 充分发挥图书馆公益价值，能够和读者构筑和谐的关系。要想与读者保持一种和谐的关系，就需要我们以一种平等的态度对待他们。对于图书馆来说，它们所面对的是广大的读者，要对这种关系有一种明确的认知，才能更好地建设各种文献资源。此外，图书馆需要结合读者的诉求进行各种服务的建设，优化传统的模式，提升服务的质量和水平，这是图书馆的重要使命。拓宽交流渠道，读者在图书馆建设中参与度提升，就会对图书馆建设以及服务提出建议，图书馆才会针对这些反馈进行较好地改进，服务才会更加具有针对性。

4. 图书馆的均等性

图书馆的均等性是未来图书馆建设的基本目标，也就是要让所有的人能够被公平对待，享受到平等服务。不同的图书管理部门要严格合作规范，推动图书馆能够拥有更加完善的资源获得渠道。要针对各种各样的图书馆进行明确定位，将它们各自的优势整合梳理出来，最终汲取别家优势，建立属于自己的资料分析库。此外，要紧紧围绕服务功能进行相关建设，使服务更加多元，特色专业更加突出，使得图书馆能够成为未来拉动经济发展的强大动力，为繁荣当地文化做出杰出的贡献。

图书馆工作人员的使命就是更好地满足读者的多元化需求。图书馆应该充分认识到这一点，将读者的诉求放在发展的首位。真正去考虑读者的自我特色需求，确保自己所提供的服务是高质量的，这才真正体现出图书馆对于人的价值的充分强调，在和学生双向交互的过程中收获平等、关爱与幸福。

（二）图书馆的要素

1. 图书馆的藏书

图书馆的藏书是一个集合的概念，它是图书馆所收藏的各种类型文献的总和，既包括传统的印刷型文献，也包括新型载体的视听资料、电子出版物等。图书馆的藏书是根据图书馆的性质、任务和读者对象的需求而精心挑选出来的文献。藏书是图书馆赖以存在和发展的物质基础，也是根据图书馆的性质、任务和读者对象的需求，将各类文献有目的、有系统地收集起来，经过科学加工、整理，合理排列组合，成为有重点的、有层次的图书馆藏书体系。图书馆的藏书有三个特性：①文献的集合；②经过选择的文献的总和；③加工和组织以提供读者利用。

图书馆的藏书是经过科学方法进行加工，按一定的体系布局排列，并进行合理的保管，最终提供给读者利用的文献资料。不经过加工的文献，不能是真正意义上的图书馆藏文献，它不可能在图书馆流通和借阅，也无法在图书馆有序排列和保管。

2. 图书馆的人力

（1）图书馆的读者。读者是指图书馆的服务对象，通常指具有一定阅读能力，从事阅读活动的社会成员。

第一，读者范围。图书馆的读者群属于特定的范畴，它是社会群体中的一部分，专指与图书馆发生关系的人，凡是利用图书馆从事活动的一切社会成员都是图书馆的读者，其中包括个人、集体、单位。在各级各类学校，图书馆实际上就是以教师和学生为主要读者对象；而在社会图书馆，读者的含义相当广泛，因此，将图书馆的服务延伸到社会的各个阶层及所有社会成员中，最大限度地发挥图书馆在促进社会进步与发展中的作用，满足各类人士的需求。

第二，读者类型。读者类型一般是指图书馆的读者是持有借书证的人。随着社会科学技术的不断发展，特别是网络技术的普及，以及社会人生存方式和休闲方式的多样化，图书馆的读者对象发生了很大的变化。

就目前来说，图书馆的读者有着以下三种含义：①现实读者。图书馆的现实读者可分为正式读者和临时读者。正式读者指持有图书馆借书证或阅览证，与图书馆建立正式借阅关系的人；临时读者指无借阅证，尚未与图书馆建立确定关系，偶尔利用图书馆的人。②潜在读者。一切造访图书馆的人，包括在图书馆休闲娱乐的人，听讲座、看展览的人，以及没有任何目的走进图书馆的人。③网络读者。指通过网络浏览图书馆网页的人。图书馆网络读者的特征是面广、数量多、且不受地域限制。网络读者的出现，要求图书馆加大文献数字化建设，以跟上现代信息技术的发展，满足人们对网络信息的需求。

（2）图书馆的馆员。馆员指图书馆所有的工作人员，包括各层次的领导干部、行政管理人员和技术业务工作人员。其中，图书馆里技术业务人员包括图书馆智能化管理员、助理馆员、馆员、副研究馆员、研究馆员等。他们都是图书馆各项工作的管理者和组织者，是联系图书馆与社会各界的媒介。图书馆社会作用、工作成绩的优劣，很大程度上取决于图书馆员的综合素质。

随着知识经济时代的到来和信息社会的发展，图书馆的社会角色发生了很大的变化，从单一的传递书刊、文献资料，发展到今天的信息查询、社会教育、传递科技情报、网络信息等多种服务形式。这些业务的延伸和发展，对图书馆员的思想素质、综合素质及业务素质提出了更高的要求，这就需要原有人员不断更新知识才能适应时代要求。

3. 图书馆的建筑与设备

图书馆的建筑与设备是图书馆开展工作的物质条件，其建设规模、建筑风格及现代化设备的应用，将使图书馆的服务工作从单一向深度和广度发展，服务手段从单向向多元化发展，服务能力和效益得到极大地提高。

此外，图书馆的建筑风格和技术装备也有一定的要求，使建筑风格有着明显的时代特征。随着图书馆读者服务工作内容、形式、技术设备的不断变化，图书馆的建筑也随之而改变。从传统图书馆到现代化图书馆，图书馆的技术设备随着服务方式的改变、新技术的应用不断地发生着变化。

4. 图书馆的技术方法

技术方法是指图书文献的收集、整理、组织、管理、流通、利用，以及各个业务部门工作的技术方法。技术方法构成了图书馆工作的方法系统，该系统包括了传统手工操作的技术方法，也包括了以计算机技术为主要手段的现代信息情报技术。现代化技术方法的运用需要合理地调整图书馆的工作程序，以提高图书馆管理的效益。

二、图书馆管理的内容

（一）图书馆管理的特征

图书馆管理是一种存在于社会中特殊的实践活动，是人类在进行文献信息资源的搜集、整理、储藏、利用过程中形成的一种管理活动。因此，图书馆管理具有如下几个特征：

第一，图书馆管理的综合性。管理是以研究企事业单位中人的活动规律，用科学的方法改进管理工作，充分调动人的积极性的一种行为。图书馆服务工作的主体是读者，以读者为中心，维护图书馆服务工作的正常运行和发展进步，图书馆的管理者无非是要解决好人与环境、人与人之间各种关系问题。所以说，图书馆管理实质上是围绕管理和服务进行的，是多种因素综合作用的结果。

第二，图书馆管理的理论性。图书馆管理是一项特殊的管理活动。在管理的实际运行中，可以借鉴多种基础理论的研究成果，如管理学、图书馆学、情报学、经济学、心理学等一系列学科。这些学科的某些优秀成果与图书馆管理相结合，并具体运用到管理的实际运行中去，使图书馆的管理以深厚的理论为基础，以便能更好地推动图书馆事业的发展，提高图书馆在人类社会进步中的地位和作用。

第三，图书馆管理的科学性。图书馆管理是一项具有科学性的活动，从图书馆产生之初，人类就知道采用一些方法以便更方便地查找文献信息。因此，在图书馆管理的过程中，人们发现了很多的方法管理和利用文献信息资源，这些方法逐渐形成了图书馆管理工作的规定，有些甚至上升成标准和法律。因此，图书馆管理是项具有科学性的活动。

第四，图书馆管理的组织性。随着图书馆事业的发展，图书馆已经逐渐形成了规模化，图书馆管理活动也复杂起来。管理活动中涉及的各种资源也越来越多，人力、物力、财力、文献信息等因素交织起来影响着图书馆的管理活动运行。对这些资源管理的好坏直接影响着图书馆的正常运行，所以在图书馆管理中要有计划、有目的地去进行管理，图书馆管理是一项系统的有组织的管理活动。

第五，图书馆管理的动态性。管理活动的本身就是要在不断变化的环境中进行。为了应对不同的读者需求图书馆管理要变化，为了文献信息的形式改变管理要变化，为了随时改变的社会环境管理活动也要变化。所以，图书馆管理是一项随着服务对象、工作环境和社会环境等因素变动而进行改变的活动。只有跟上时代的变化，随时适应影响图书馆发展的各项因素，才能使图书馆符合社会发展的需求，不被时代所遗弃。

第六，图书馆管理的协调性。图书馆管理涉及图书馆各项业务活动和行政管理活动等方方面面具体的活动。这些具体活动直接影响着图书馆管理能否正确、正常和有序地进行。图书馆管理就是要使这些具有关联性的各种业务活动和行政管理活动中的人际关系、利益关系处于一种和谐、平衡的状态，消除管理活动中的各项不利因素，从而减少内耗、降低摩擦，发挥组织的协同作用，使图书馆有限的人力资源、信息资源发挥出最大的效用。

（二）图书馆管理的职能

图书馆作为一种提供信息服务的社会机构，对人类社会文明的贡献是巨大的。图书馆管理的职能是指在图书馆的业务管理、政务管理和职工生活管理过程中所发挥的作用，是管理职能在图书馆的具体执行和体现。

第一，决策职能。管理就是决策，决策是行动的先导，是最重要的管理职能。为了在图书馆管理的过程中最大限度和最有效地发挥决策职能，还应该实现管理决策的科学化、民主化，还必须建立健全民主决策制度，注重信息的公开化。

第二，计划职能。计划职能是指图书馆各个部门为了实现既定的行政决策目标，对整体目标进行科学分解和测算，并筹划必要的人力、物力，拟定具体实施的步骤、方法以及相应的政策、策略等一系列管理活动。其目的是为了使图书馆的各项工作能够有计划、有步骤、有方法地进行，以杜绝领导工作的随意性，避免对图书馆管理的消极影响。

第三，组织职能。图书馆管理组织职能的目标就是具体落实和实现决策和计划，是实现管理目标和管理效能的关键性职能。组织职能具体包括：对图书馆各种工作机构的设置、调整和有效运转；各机构职权的合理划分；对全馆工作人员的选拔、调配、培训和考核；对资金、固定资产和其他物品的安排和有效利用；对执行活动中的各项具体工作进行的督促、检查和指导等。

第四，协调职能。图书馆管理中的协调职能，是指对图书馆行政部门、业务部门以及全体工作人员之间的各种工作关系进行调整和改善，使它们按照分工协作的原则，互相支持、密切配合，步调一致，共同完成本馆内预定的任务和工作。

协调是管理运行过程中的一项职能，具体内容包括：协调行政管理机构之间，业务管理机构之间，行政管理和业务管理机构之间，工作人员之间、工作人员与行政管理部门、业务管理部门之间，与本单位之外的政府、企事业和其他组织之间的关系。

第五，控制职能。控制职能是指管理按照行政计划标准，衡量计划完成情况并纠正计划执行中的偏差，以确保计划目标的实现。图书馆管理的控制职能贯穿于行政管理的各个方面和全过程。做好控制职能一般要注意的方面包括：①确立控制标准，使各项工作有可衡量的指标，以采取正确的纠正措施。②对管理行为的偏差进行检查和预测，对图书馆管理工作的实际结果与质量标准监测，获取管理工作的偏差信息，为下一步采取控制措施提供依据。③采取相关措施对图书馆管理工作的行为和过程进行调节。即判断管理行为偏差的性质和层次，确定偏差的程度和范围，找出产生的全部原因，制定相应具体的纠正措施。④实行有效的监督。即根据行政目标、计划和控制标准，监察、督导行政过程的正常发展和行政系统的有序运转。

总之，图书馆管理的职能是图书馆各个机构设置和改革的重要依据，也是管理运行的必需环节，科学地认识、确定管理各方面、各阶段的职能和保持它们之间的有机的联系，并适应环境和形势的变化及时地转变职能，对有效地进行图书馆管理，具有十分重要的意义。

(三) 图书馆管理的理论依据

社会进步离不开管理的推动，管理是对组织资源进行有效整合以达成组织既定目标与责任的动态创造性活动，是一种实践、一门艺术。现代图书馆管理是在管理学和图书馆学的基础上进行的，所以在图书馆管理中必然要在立足图书馆学的专业基础上借鉴、吸收管理学理论的最新成果，以丰富现代图书馆管理理论，指导图书馆的管理实践。在众多中、西方管理理论中能对图书馆管理起到有利影响的理论主要有以下几种：

1. "人本管理""能本管理" 理论

(1) "人本管理"。对于图书馆管理来讲，"人本管理" 的管理的核心就是把馆员作为最重要资源，使其作为管理的主体。图书馆事业要想充满生机与活力，建设一支高素质的馆员队伍是必需的。而只有通过 "人本管理" 才能全面开发馆员的潜力，充分发挥其才智。因此，图书馆管理的 "人本管理" 包括：①尊重馆员，这里的尊重不仅包括尊重馆员的人格和表达意见以及个人发展意愿的权利，还要尊重馆员的能力，尊重馆员的价值和劳动；②图书馆要充分认可每个馆员在图书馆的贡献，客观地评价馆员的业绩；③允许馆员选择适合自己的岗位，以便提供发挥其潜能的机会。

（2）"能本管理"。对于图书馆管理来讲，"能本管理"这种强调充分发挥个人的能力的管理，为图书馆管理提供了一条新的思路。"能本管理"在图书馆管理的运用就是通过有效的方法，以期最大限度地发挥人的能力，从而实现能力价值的最大化，把能力这种最重要的资源转变为图书馆发展的推动力量，实现图书馆发展的目标和创新。在图书馆管理中引进"能本管理"理论，可以为图书馆建立各尽所能的运行管理机制提供理论支持。

2. "组织文化"理论

图书馆管理中应注重文化的建设。树立积极向上的图书馆文化，有利于营造图书馆良好的社会形象，争取更多来自外部环境的有力支持；有利于引导馆员形成正确的职业观，将自身行为与图书馆的整体目标协调起来；有利于确定图书馆的办馆宗旨、服务方针、发展方向，并渗透到图书馆活动的方方面面。

3. "学习型组织"理论

"学习型组织"理论同样可以适应于图书馆管理，这种理论应用在图书馆管理的优势主要通过其五项修炼来实现的，具体包括：

（1）"自我超越"。通过强调馆员对自身的认识，来适应外界的变化，不断地给自己树立新的奋斗目标。工作中注意集中精力、培养耐心以达到精益求精，并客观地观察现实，不断地努力发展自我，超越自我。

（2）"改善心智模式"。要求馆员要善于改变传统的认识问题的方式和方法，要用新的眼光看外部环境，同时注意内部环境的变化，以改变自己思维定式，从而适应环境的需要。

（3）"建立共同愿景"。把图书馆建设成为一个生命共同体，包括愿景（图书馆将来要实现的蓝图）、价值观（实现蓝图应该遵循的基本原则）、目的和使命（图书馆存在的根由）、目标（短期内达到的目的）。

（4）"团体学习"。可以使全体馆员学会集体思考，以激发群体的智慧。开展团队学习后，馆员之间可以理解彼此的感觉和想法，因此凭借彼此沟通产生的一致性，可以提高综合效率。

（5）"系统思考"。是通过树立系统观念，运用完整的知识体系和实用的工具，认清整个图书馆赖以存在的内外环境，并了解如何有效地掌握变化，以开创新的工作局面。

总之，"学习型组织"理论应用于图书馆管理可以增强图书馆馆员的整体意识，培养馆员之间的协同工作精神，促进图书馆内部的交流与合作，促进知识的共享，树立图书馆的学习风气，提升图书馆全体馆员的知识学习能力。同时，建立终身学习机制是符合图书馆工作实际需要的，可以解决图书馆馆员学习与工作之间的矛盾。此外，"学习型组织"理论应用于图书馆管理中，还有助于实现图书馆的知识管理，对适应科学技术、信息发展对图书馆的影响具有十分重要的意义。

4. "创新管理"理论

创新是未来管理的主旋律，作为人类社会持续发展下去的不竭动力，创新是指以新思维、新发明和新描述为特征的一种概念化过程。以往图书馆的管理制度和管理模式的设计，常常以规范人的行为、使人不犯错误为出发点，有着过多的管制和约束，这种过细过严的规则，通常会抑制了创新精神的发展。而管理上的创新能使图书馆打破常规，改革管理工作流程，提高管理效率；能使图书馆以敏锐的观察力，密切关注未来变化的新趋势、新动向、新问题，从而能以超前的意识果敢决策，适应未来发展的要求。

创新管理表现在图书馆管理中就是要树立创新意识，发扬创新精神，在创新中寻找出路，在创新中寻发展，把创新渗透于图书馆的整个管理过程之中。要充分发挥现代信息技术和管理技术的优势，以促进图书馆管理创新为着眼点，更新图书馆管理理念，引进先进的管理理论，实现图书馆的技术创新、人员创新和服务创新，从而通过改革创新，建立一套崭新的管理运行机制，以适应社会发展的需要。

第二节 图书馆智能化管理的有效性

当今时代是一个集数字、智能、网络以及多种元素于一体的时代，这也对各行各业提出了不同的要求。而对于图书馆管理而言，在这一时代背景下的要求核心在于利用各种技术使图书馆的各项资源能够得到最大化利用，打破传统图书馆所存在的物理层面的限制，实现能在任何需要的时间、任何地点及时高效地获取与利用图书馆的现有资源。

一、智能化形态对图书馆管理的影响

（一）改变图书馆用户借阅和检索习惯

图书馆用户借阅习惯的变化主要体现在以下几个方面：

第一，图书馆不再办理传统的借阅证，直接通过网络系统实施动态查询及管理，每位用户的个人信息、资料及记录等随之纳入数据库中心，由此可结合用户类型展开区分服务

及信息管理，实现资源利用最大化。

第二，在用户借还书操作上，采用无线射频技术，可无接触地秒读50到100份数据。通过安装统一识别系统，在用户借书走出书库的时刻，也即自动办理借书手续。在还书时，无须前往固定地点还书，同样也是瞬间完成整个还书的程序操作。图书馆用户检索习惯的变化主要体现在：图书馆可在智能化形态下针对用户身份、阅读情况、阅读内容实施动态管理。同时，可在此基础上设计和制订相应的购书计划，规划空间布局，获取资源分布、馆藏情况及流通信息等。在智能化技术支撑下的图书馆，只须借助管理系统通过开通终端接口，即可轻松实现以上管理和服务内容。

（二）提升图书馆采编工作效率

智能化技术应用于图书馆采编工作，提高了采编工作效率。无论是现场采编还是网络采编，采编人员都可结合资料对应的电子代码，通过数据库来自动调取该资料相关信息，并且还可由此掌握其生产、运输到仓储的全部数据记录，切实保障资料的系统性和完整性。

由于这一电子代码直接连接出版者数据库，可给采编人员提供相关信息参考，从而可有效提升图书馆采编工作的质量和效率。在图书分类及编目工作中，其能够将所有所需材料与系统数据进行匹配，由此真正实现图书馆采编工作的自动化、智能化及高效化。

（三）提升图书馆现代管理水平

智能化技术催生图书馆管理模式的变迁，大大提升图书馆管理水平。具体表现为以下几个方面：

第一，加深了图书馆与出版社之间的联系，两者之间可及时联络，信息交互，图书馆可对文献资源内容及类型提出特殊的要求，并将用户要求及时反馈至出版机构。这就简化了信息交流渠道，提高了供需双方的工作效率。

第二，简化工作程序，提升管理效率。智能技术应用于图书馆，大大提高了图书馆工作智能化、信息化水平，能够将随时待机程序系统转变为实时动态运行系统，从而有效节约图书馆工作人员的时间，切实提升工作效率。

第三，智能化技术的应用使图书馆馆际沟通、资源共享渠道更加顺畅，图书馆通过建立一个电子身份代码，即可轻松实现馆际间文献互借及资源共享。

二、图书馆智能化管理的意义

图书馆智能化管理的有效性发展关键在于满足读者的需求，应用智能化技术，建立信息服务体系，以互联网技术为基础对书籍资源进行准确获取，使服务质量与效率大幅度提升的同时，也增加读者阅读频率与效率，进而实现图书馆管理的长远发展。

图书馆智能化管理的意义主要体现在以下几个方面：

第一，智能化管理模式相较于传统管理模式而言，能够将物理层面的空间界限打破，从而提高馆藏资源的利用途径与利用效率，使图书馆能够更为便捷地与各项工作相接轨。

第二，智能化管理模式以现代化信息技术为支撑，在实现高效管理图书馆的各项信息资源的基础上，能够极大地节约时间与图书馆在人力资源上的安排。

第三，智能化管理模式能够使图书馆系统里的各项知识与内容得到及时地更新，在使图书馆馆藏资源与时俱进的同时，能够确保读者可以获取想要的信息。

三、图书馆智能化管理的有效性实现

（一）馆藏文献资源与多渠道信息资源管理

读者利用图书馆查找相关资源进行学习，不仅能够拓展读者眼界，还能够优化读者的知识结构，从而推动读者的全面发展。科学技术随着时代发展不断优化与提升，因此，图书馆为满足现代读者学习需求，要有效利用信息技术完善图书馆资源。在现代图书馆智能管理中，依托智能系统高效准确地实现对图书馆信息资源的数据管理是基础保障。一方面，图书馆要实现智能化管理，必须将馆内重要的资料进行信息化管理，存储为数据库。通过数字化处理，也能将重要文献保存得更好、更长久，并且也便于具体信息的更新。另一方面，智能化系统应用于图书馆管理，有利于图书馆更加快捷、高效地收集外界的信息资源，通过多种途径扩大馆藏电子资源的藏量和电子资源存取利用能力，从而无限扩大图书馆在网络空间的服务能力。

（二）完善与优化自身管理模式与制度

图书馆要向智能化发展，除了应用图书馆智能化设备和系统之外，还应建立相应的图书馆智能化管理机制。智能图书馆应根据智能技术给图书馆管理和服务带来的变化，遵循智能图书馆发展的基本规律，建立一套适应智慧化图书馆发展的管理机制。可以借鉴国内外先进管理理念、管理制度、管理模式，研究制定相应的规范和标准，为图书馆健康发展保驾护航，提高图书馆智能化管理的服务效能。

图书馆应发挥智能化技术的优势，密切关注读者需求，深入研究了解读者的阅读喜好和习惯，建立个性化服务、精准化服务机制，为读者构建智能化的信息传播平台。同时，图书馆应建立智能图书馆管理与服务评价机制，综合分析影响图书馆智能化管理与服务效能发挥的逐项要素，设计科学合理的评价指标体系，研究制定评价标准。通过评价考核及时发现图书馆智能化管理中存在的问题，不断修正偏差，保证图书馆智能化系统运行高效，取得应有的建设效益。

第三，完善与优化自身管理模式与管理制度。图书馆智能化管理体系的应用主要以其完善的管理制度为基础，从而发挥其内在功能与价值，自动化作为智能化的主要体现方式，其简化图书借阅流程，使读者在图书借阅中减少时间的浪费，从而提升阅读效率。

（三）优化软硬件资源，提高智能化水平

创建图书馆智能化的关键在于引进和优化适于图书馆智能化管理和服务的软件、硬件资源，这是图书馆智能化建设的基础。图书馆必须加强信息技术应用能力，综合应用数字化、网络化技术，搭建数字化信息管理和传输平台，同时要有效开发物联网、大数据、云计算等现代信息技术，形成书与书相联、人与书相联、人与人相联的图书馆智能化管理集成网络系统，精准定位读者需求，精准定位文献信息资源，实现信息资源和读者需求的精准对接，从而实现图书馆服务的智慧化、高效化、精准化。

（四）培养图书馆智能化管理中的智慧型人才

图书馆智能化管理需要智慧型的人才。人才队伍的建设水平决定了智慧图书馆建设事业的发展高度。在图书馆智能化管理过程中，无论是各种智能技术、智能设备的引进应用，还是基于这些智能设备的科学管理模式和服务模式的开发实践，都离不开懂管理、懂技术、懂开发的智慧型人才。

图书馆智能化管理对图书馆的管理人员提出了更高的要求，要求每个管理者都要做到"知人善任"，有一双识得人才、重用人才的慧眼，能够发掘每个人身上的优势和特长，并将他们安排在合适的岗位上，这样才能让他们发挥最大的价值，在为图书馆创造更多价值的同时，也让工作人员有了更多成就感。同时，针对图书馆智能化管理，图书馆应立足实际，针对馆员展开一系列图书馆智能化管理知识、专业技能的培训，要求馆员熟练掌握现代信息技术，能准确无误地操作图书馆内一系列智能化信息设备，为读者提供高质量的智慧服务。除此之外，图书馆对于特殊岗位需要的专门人才可走直接引进的捷径。

总之，随着信息化时代的到来，图书馆向智能化转变已经成为时代的要求。图书馆引进了智能化设备，只有充分开发图书馆智能设备、智能技术的功能，不断优化图书馆的管理与服务，不断提升图书馆为读者服务的智慧化水平，让更多的读者感受到现代信息技术给他们带来的便捷高效，才能说图书馆智能化管理趋近了既定的目标。

第三节　图书馆智能化管理模式实现路径

新时期背景下,"智能技术在图书馆领域的广泛应用,催生了一种全新的智能化管理模式"①。图书馆智能化管理模式,采用机器学习与深入挖掘技术,达到图书馆智能化运作状态。并且,构建图书馆智能化必须以读者与用户的体验作为主要需求,将其处于核心位置,通过高效化循环系统的搭建,实现图书馆的智能化运行。因此,图书馆智能化管理模式的优化路径如下。

一、融合大数据技术,创新图书馆管理模式

基于目前国家数字资源所占比重不断增加的局面,图书馆应对馆藏、读者信息、流通与设备运用等数据进行全面系统地记录,并结合现代大数据技术,为图书馆提供更加准确、高效率、科学化的政策制定。

图书馆工作人员融合大数据技术之前,应准确收集读者所阅览书籍名称、进入图书馆时间、阅读次数、拆分信息资源、记录与检索等数据信息。并且,借助大数据技术,综合分析所获图书馆信息和数据,更准确地定位读者阅读需求,促进图书馆信息资源的有效配置,提高图书馆资源流通率与使用率。总体而言,只有融合大数据技术,才能加速图书馆智能化管理模式的构建。

二、构建图书馆智能化管理体系

图书馆从大数据分析、信息管理、人工智能分析三大模块着手,构建图书馆智能化管理体系。

第一,图书馆应管理读者信息档案,如读者的个人、借阅与资源需求等方面信息,增强针对性提供阅读的书籍。

第二,图书馆应管理图书纸质与数字资源,如流通、采购、馆藏和存储等方面信息,保证图书提供质量。

第三,图书馆应管理图书场地信息,如类别、场地数量、使用者、使用计划与管理员等层面信息,确保智能化模式的实现。

第四,图书馆应管理图书设备信息,如设备数量、设备信息、保管人、所在地、使用

---

①杨晓燕.图书馆智能化管理模式实现路径[J].图书馆学刊,2020,42(03):63.

状态、使用人与使用计划等信息方面，完善图书馆资源管理体系。

三、结合 5G 技术，完善图书馆监管模式

第五代移动通信技术（5th Generation Mobile Communication Technology，5G）是具有高速率、低时延和大连接特点的新一代宽带移动通信技术，是实现人机物互联的网络基础设施。中国已经建成了规模最大、技术最先进的 5G 网络，在 5G 方面已经位于世界前列。因此，图书馆可以结合 5G 技术，完善图书馆模式。例如，图书馆智能化系统应积极融合 5G 技术，实现图书馆信息资源的全时空与全区域化的管理模式。并且，图书馆只有真正转变传统实体图书馆借阅模式，融合数字资源数据，大量使用移动互联网，才能保障智能化图书馆智能化管理模式的构建。

四、采用信息数字化，推进监管模式

我国应加强图书馆资源的数字化工作，持续完善图书馆智能化监管。与纸质图书馆资源相比，数字资源所占用的空间比较小、流通的效率高、检索容易、便于监管等各种优点。

新时期图书馆应加大图书信息数字化建设力度，提供所需图书物资服务，为图书馆智能化模式的建立提供技术性服务；我国图书馆需要增加数字图书馆信息资源采购渠道，丰富采购数字图书馆信息资源的采购量。并且，借助新时期科技发展条件，加速将传统纸质图书转变成数字化信息图书，进而将数字信息图书的优势淋漓尽致地展现。

总之，图书馆智能化发展已经成为趋势。如何完善图书馆智能化监管模式，保证图书馆界业务更加专业化运行是目前面临的重要课题。借助新时代互联网技术，达到图书馆智能化监管效果。并且，推动图书馆服务水平持续提高，促使读者需要不断获得满足，为教育事业或者其他社会图书机构提供更加优质的服务。

第四节 图书馆智能化管理与辅助决策方法

一、图书馆智能化管理中的采访决策应用

图书馆根据读者需求驱动和重点学科建设决策驱动，研发和实践图书智能采访系统，在一定程度上提高图书采访工作的效率和馆藏资源的质量，通过合理的资源配置方案为科学决策提供重要参考，以高效智能的思维方式推动采访思维、理念甚至流程的变革。需求

与决策驱动的智能采访系统架构，以决策驱动采访，综合考虑读者需求和重点学科建设，通过对现有馆藏和读者行为数据进行分析和建模，应用数据模型和智能算法，自动筛选满足读者需求或高价值的图书，为采访馆员科学决策提供依据，科学、快速、高效地完成以读者需求和重点学科建设决策驱动图书采访工作。

（一）读者需求驱动采访决策

图书智能采访系统中，读者决策采购是一种读者免费买书、图书馆付款的一体化决策采购管理模式，此模式在公共图书馆已经得到一些应用，但大学图书馆因为管理体制、读者人群的单一性等而未得到应有的重视。例如，重庆大学图书馆与京东图书合作，以信息化全流程为目标，建立了国内图书馆首个读者线上图书采购平台，读者通过该平台在线采选所需且符合馆藏规定的图书，物流直接配送到家，阅读后归还至图书馆。读者可以在第一时间获得所需图书，缩短了传统采购模式下读者等待时间。

读者决策采购将部分图书的采购权交给读者，真正让读者参与采访决策，不仅简化了采访流程，引导读者有效参与采访决策，提高了文献资源借阅率，而且能进一步拓宽馆藏文献范围，更好地为学校教学和科研服务。

读者登录图书馆官微并绑定信息读者需求驱动采访决策能深入了解读者需求，读者荐购与读者决策采购模式相结合，真正实现以用户为中心的个性化服务，提高资源利用率；而且在一定程度上丰富了馆藏资源结构、减轻馆员负担。

（二）智能决策支持系统的特征

第一，智能决策支持系统具有友好的人机接口，如能够理解自然语言，具有模型运行结果的解释机制，能够以简单、明了的方式向决策者解释问题求解结果，并能对结果进行分析。

第二，智能决策支持系统能对知识进行表示与处理，可以有效提供关于模型构造知识、模型操纵知识以及求解问题所需的领域知识。

第三，智能决策支持系统具有智能的模型管理功能：除支持结构化构模外，还应提供模型自动选择、生成等功能，将模型作为一种知识结构进行管理，简化各子系统间的接口。

第四，智能决策支持系统应该具有学习能力，以修正和扩充已有知识，使问题求解能力不断提高。

第五，智能决策支持系统，综合运用人工智能中的各种技术，对整个 IDSS 实行统一协调、管理和控制。

（三）智能决策支持系统的组成

智能决策支持系统是由问题处理与人机交互系统（由语言系统和问题处理系统组成）、模型库系统（由模型库管理系统和模型库组成）、数据库系统（由数据库管理系统和数据库组成）、专家系统（主要由知识库、推理机和知识库管理系统组成）等组成。

第一，问题处理系统：把用户以自然语言或其他语言表达形式提交的问题转换为计算机可执行的序列，并按照一定的推理策略来处理问题。包括问题接收器、问题求解器、结果评价器、机器学习器、答案解释器等。

第二，数据库系统：数据库系统是用于存储、管理、提供和维护决策支持数据的基本部件，是支撑模型库系统的基础。

第三，知识库系统：知识库管理系统主要负责与其他库的通信接口以及对知识库的操作管理，如知识的增加、删除、修改、知识库的维护等。知识库是以一定形式存放特定的领域知识和知识工程师的经验知识。知识库对知识是分级存储。知识库存放一些规则，包括用于模型决策的规则和专家经验规则，是知识库系统的核心。

第四，模型库系统：模型库系统是构建和管理模型的计算机软件系统，是决策系统中最复杂与最难实现的部分。模型库是模型库系统的核心部件，用于存储各种决策、预测及分析模型。

第五，推理机：在目前的知识系统中，推理机制主要使用演绎推理。推理机是一组程序，采用基于范例推理的方法，根据知识库中的静态和动态范例，在模型库中选择与当前处理的问题具有相同属性的模型进行匹配，并且根据匹配的程度进行调整。

（四）图书采访智能决策支持系统构建

图书智能采访系统是以数据和智能算法为基础的图书采访业务管理系统，通过对图书馆现有馆藏数据、读者行为数据以及互联网上的书评数据等进行分析和建模，并根据不同的采购需求、业务规则，为馆员自动筛选出需要采购的图书，提高采访效率和质量。

图书采访智能决策系统能够根据最新的待选书目信息、现有馆藏及其利用情况、学校学科和读者分布情况、图书购置经费数额和馆藏特色要求等信息，利用知识库中已有的知识，经过推理机的推理及分析，得到经定性分析与定量计算的结果，用以指导决策，即辅助采访人员决定哪些图书急需采购，哪些图书在经费允许时也应该采购，哪些图书不必采购，并决定图书若需采购时应采购多少复本。

图书采访智能决策支持系统主要是由问题处理与人机交互系统、模型库系统、方法库系统、数据库系统、专家系统构成，并以数据库系统为基础，以模型库系统和方法库系统为分析和计算手段，以专家系统为智能决策核心，各模块相对独立，以多库协同器为中介，组成有机整体。可实现图书采购种类确定、图书复本确定和经费的合理分配使用等功能，优化馆藏结构。

第一，数据仓库。数据仓库负责从外部获取数据并将数据分类，重新组合成面向全局的数据视图，从而解决 BIIDSS 中数据存储和数据格式不一致问题；同时负责数据仓库的内部维护和管理，包括数据的存储、组织、维护、分发等。

第二，数据库。数据库存储的是馆藏数据、学校学科数据、读者数据、流通数据、待购书目数据、待购图书的评价数据等。它是图书采访智能决策支持系统的基础，图书采购的结果最后又对数据库中的相关内容进行修改。

第三，数据挖掘系统。负责对数据仓库中的数据进行挖掘，通过大量的历史性数据分析，从中识别和提取隐含的、潜在的有用信息，通过多库协同器，将其分发给数据库管理系统、方法库管理系统、模型库管理系统、知识库管理系统。

第四，模型库。存储数学模型、智能模型、数据处理模型、报表模型、图形图像模型、选书决策模型等。

第五，方法库系统。存储、管理、调用及维护决策系统各部件要用到的通用算法、标准函数等方法的部件。方法库类似于程序库，包含面向多种应用的程序包或功能程序。

第六，联机分析处理。联机分析处理是共享多维信息的、针对特定问题的联机数据访问和分析的快速软件技术。其主要功能是：①提供数据的多维概念视图，可以使用户从多角度，多侧面来考察数据仓库中的数据，深入理解数据的信息和内涵；②快速、灵活响应用户请求；③提供强大的统计、分析、报表处理功能，进行趋势预测。

第七，多库协同器。多库协同器主要根据问题求解的需要，实现对模型库系统、方法库系统、知识库系统、数据库系统的调度与协调，完成模型的链接运行、知识调度、信息查询等决策处理。

二、图书馆智能化管理中大数据决策支持系统构建

决策支持是指提供信息、工具和方法来帮助人们做出明智决策的过程。它旨在通过收集、整理和分析相关数据，以及应用决策模型和算法，为决策者提供准确、及时的信息和洞察力。决策支持系统通常包括数据收集和处理、模型构建和分析、结果展示和解释等功能，以帮助决策者评估各种选择，权衡不同的因素，降低决策风险，并最终做出最佳决策。决策支持的目标是提供决策者所需的信息和工具，使其能够更好地理解问题、分析选择，并在不确定性和复杂性的环境中做出明智、有效的决策。

（一）图书馆大数据决策支持系统的现实意义

第一，推动图书馆运行数据的有效整合。近些年，图书馆智能化管理飞速发展，应用实践不断推进。在图书馆运行过程中产生了大量的数据，分散在图书馆包括 OA 管理系统、资源管理系统、用户管理系统、环境感知系统等多个管理系统中。决策支持系统从大数据应用角度整合图书馆的分散数据，促进其内部协调和图书馆及周边 IT 的综合发展。

第二，满足图书馆日益增长的决策支持需求。面对图书馆所处的环境，图书馆决策主体在运行规则做出的规范和约束之下制定图书馆的决策目标、选择执行方案、决策效果评价等。随着信息技术发展和社会需求的多元化，政府主管部门对于图书馆的决策需要更加宏观和专业化的数据支持；业务管理部门对于图书馆的决策则需要注重精准和协调；同时由于大数据对即时数据的处理，现在读者对图书馆的个体决策也可以得到信息技术支持。大数据背景下图书馆的决策主体及需求都在增长，其他组成要素也在发生新的改变，图书馆决策机制需要与时俱进地寻求自适应的方法。大数据决策支持系统可以满足面向政府主管部门决策、业务管理部门决策、读者决策的多方面的决策支持需求。

第三，提高图书馆决策效能。大数据驱动的决策支持系统通过对图书馆客观实际的大数据挖掘，找出隐于数据之下的事物内在关联，得到全面准确反映图书馆发展现实并且可以预测未来发展方向的决策信息，而且这种决策支持可以是任何管理层次上的，如战略级、战术级或执行级的决策。

（二）图书馆大数据驱动决策支持系统的构建策略

图书馆决策支持系统是为了解决或实现图书馆宏观、微观管理中的某问题或某目标，利用大数据等手段和方法从若干备选方案中选择或综合成一个满意方案，并付诸实践应用。在构建大数据决策支持系统过程中，要以决策的问题和目标为导向，整合图书馆数据资源，设计或选择合适解决模型，得出适合图书馆自身需求和特征的决策方案。

1. 确定决策问题的范围

图书馆决策支持系统构建，是解决结构化和半结构化问题，部分非结构化问题可以通过大数据技术转化为结构化或者半结构化问题，完全不能转化的非结构化问题是不能通过决策支持系统来进行决策的。

构建决策支持系统之前要对问题产生的时间、地点、条件和环境等情况进行分析，搞清楚问题的性质、特征和范围，并确定问题的范围。图书馆决策支持系统是多个问题决策的集合，每个问题都应该有清晰的范围。

2. 确定数据边界和质量保证

数据是决策支持系统的基础资源，图书馆决策支持系统须提前科学合理确定数据边界，明确图书馆大数据的采集来源和采集策略，尽早消除数据杂音。因此，图书馆要做好数据收集积累，才能保证数据质量。图书馆政府主管部门、业务管理部门和读者个体决策三类决策需求不同，所需的大数据侧重不同，数据的来源不同，采集的数据字段信息也有不同。政府主管部门的决策需求主要集中在宏观层面，包括图书馆建设的基本政策、发展方向、政府预算、建设用地、数量规模分布、人员配给、社会效能等方面。

针对性的大数据主要来源于图书馆的财务管理数据、网站管理数据、服务活动数据和社会绩效数据等，以及国内外图书馆行业数据、区域国民经济发展统计等相关的统计数据。业务管理部门的决策需求主要集中在图书馆运行过程中多个业务流程和管理系统，相应的多个管理系统的数据，要做好面向决策主题的数据采集策略，通过数据接口服务器把各类管理服务器对接到数据采集服务器上。读者个体决策需求主要是实现馆藏资源和服务的综合使用、推荐指南以及对图书馆的需求预测，数据主要来自用户管理系统和图书馆即时监测设备数据。除此之外，数字图书馆、微信微博等信息平台上存在大量的隐藏于表象数据之下的行为特征数据，可以通过数据网络获取技术进行在线收集和即时分析，为读者个体决策提供全方位支持。

3. 做好模型库和知识库的储备

模型是决策支持系统决策的核心资源，可以把模型理解为计算机程序，用来表示变量之间的关系，以帮助找到复杂问题的解决方案。大数据挖掘模型有聚类、关联、因子等多类分析法，每一类中还有多种不同的算法。在具体应用中，模型算法必须结合实际问题的专业要求进行选择和重新设计。基于大数据的图书馆决策支持系统所需模型可以在现有开放性数据挖掘模型的基础上进行修改设计，并且可在图书馆行业内重复使用和共建共享。

知识是决策支持系统智能化的中心，是把图书馆专业知识，如基础数据和资料、专家经验、行业标准等，按照决策统一数据格式程序化而来，帮助决策支持系统对描述性、过程性和推理性等非结构化问题进行决策。图书馆领域需要建立和组织适合行业特征的模型和知识，扩大模型库和知识库的储备，在目前云计算环境中已有各种类型的模型资源和知识资源，可以找出应用于图书馆行业的知识，并进行再利用。

4. 引导开放共享协作意识

要实现图书馆的决策支持，离不开图书馆数据、模型和知识的储备，因此，图书馆行业中要有数据"开放、共享、协作"之共识，甚至在全社会各行业都要有这种意识。开放共享本身就是大数据思维之一，只有数据获得的广泛性或者保持数据平衡，才能真正反映事物的客观实际，大数据才有意义。图书馆数据分析模型和知识也同样需要这样的共识，只有社会与行业间充分地协作与共享，才能凸显规模效应。所以说，图书馆的大数据决策支持不仅仅是某一馆运行数据，还需要图书馆整个行业的数据、模型和知识共同的集聚和积累，甚至还需要政府管理部门、企业手中的数据。

总之，决策支持系统的设计和应用一定要以实用性为导向，要明确人在决策中的主导地位，要以解决实际问题为目标，它的每一步都是客观实际的存在。决策支持系统的数据来源、算法甚至决策过程都要公开透明，决策结果要做到可解释和可理解，只有这样才能增加对图书馆决策的认知和可信度。

三、图书馆智能化管理中的小数据决策方法应用

小数据，即为大数据时代的小数据，是指从用户上网和使用各种移动设备过程中，产生的大量用户行为轨迹数据中提取出的个体数据，可以为揭示人类行为模式规律提供依据。图书馆用户小数据是指读者在阅读活动中和图书馆个性化服务过程中产生的，以读者为核心的用户相关数据，该数据具有多层次、多维度和强用户相关性，具有较小的数据总量和较高的价值密度，能够发现以读者为中心的读者、图书馆、用户服务三要素之间的因果关系和规律，能够精确描述服务情景和精准读者画像，可为图书馆读者提供个性化服务定制和推送，为读者满意度评估与反馈优化提供精确、实时的小数据科学决策支持。

小数据的采集是以读者为中心展开的，从读者特征、思想、行为、心理、生理、情景等方面对单一个体进行全方位精准画像，进而完成对个体用户服务的定制、推送、反馈、评估与完善。对于以读者为中心的用户精准画像、个性化服务定制、用户关系管理与价值提升、读者满意度保证等而言，小数据更能准确还原以读者为中心的事物因果关系，高效、精准、实时和经济地为读者提供优质个性化服务。因此，图书馆智能化管理中小数据决策应用，具体内容如下：

（一）针对性关注高价值读者

图书馆应根据历史小数据精准预测读者的阅读需求、模式、行为和结果，并依据读者价值最优化原则分配系统资源和服务时间。

在划分高价值读者群时，要紧密结合高价值读者的个性化阅读需求与阅读模式，确保高价值读者个性化服务推送在阅读时间、地点、内容、模式和综合收益方面评估最优。

高价值读者的价值需求和阅读需求是动态变化的，低价值读者也具有发展为高价值读者的潜能。因此，图书馆须依据读者的阅读内容、时间、模式、终端设备、移动路径、阅读心理与生理变化、反馈评价等小数据构建全方位的读者画像，并据此动态分配服务系统

资源,在获取较高服务收益的同时不断提升读者的价值和忠诚度。

(二) 坚持全数据原则

精确、全面、多维度、多层次和全时段地对读者进行画像,真实揭示读者与阅读情景之间的因果关系,是图书馆确保小数据决策科学、高效的必要条件。

小数据在数据的分析与决策过程中要融合多源数据,实现小数据中蕴藏知识的完全挖掘与发现。图书馆应构建多样性的小数据生态系统,在确保读者隐私数据安全性的前提下,实现多终端设备数据、第三方小数据平台数据、读者相关大数据的共享与融合。

在小数据决策中,应关注读者独特的行为数据痕迹,如读者阅读满意度反馈与评论内容语言风格的变化、照片与视频肢体语言的特征、阅读生理数据的变化、阅读时场景与位置变化等,从情境、习惯、效仿、激励、一致性、易理解性等方面分析读者小数据,实现读者阅读个性化需求的精准发现和服务有效性的合理评估。

(三) 避免数据应用误差

图书馆采集读者小数据的精确度、相关性、实时性和可用性,是保证小数据决策科学性和图书馆个性化服务有效性的关键。

第一,读者阅读行为。小数据与阅读活动所处的地理位置、阅读场景及读者的生理特征、心理特征、阅读社会关系、阅读需求变化等有极强相关性,因此,图书馆所采集的小数据必须涉及众多强相关性变量,小数据采集系统也应具备一定的机器智慧学习能力,并通过数据决策有效性评估结果优化小数据采集模式。

第二,噪声。噪声是图书馆小数据决策面临的一个无法避免且影响巨大的问题。图书馆可采用分箱、聚类、计算机和人工检查相结合等方法将噪声对图书馆小数据的决策影响降至最低点。

第三,图书馆通过读者的阅读内容、阅读文献目录查询、论坛浏览及发言来采集用户小数据时,易受到阅读论坛上相似读者群语言、情绪、爱好和社交网络结构的影响。因此,图书馆必须通过小数据相关性分析与数据关系因果判断选取正确的小数据。

(四) 保护读者隐私安全

小数据的安全管理既是关系图书馆小数据决策可用性的关键,又是关系读者个性化阅读活动可靠性的重要因素。图书馆在以读者为核心开展小数据的采集、处理、分析和应用时,应确保读者对小数据的采集、共享、使用、决策的范围与深度具有知情权、所有权、编辑管理权和删除决定权。在读者认为小数据侵犯了个人隐私时,读者有对敏感小数据停止采集与共享、限制数据应用范围和删除样本的决定权。

图书馆在小数据应用中应坚持决策适度和风险可控的原则，可利用数据脱敏、数据清洗和数据重构技术过滤读者隐私数据，在确保小数据决策科学的前提下防范读者隐私被侵犯。图书馆应构建读者小数据敏感度评估和分级别安全保护制度，通过使用前安全评估、使用时安全管理、使用后保密存储与销毁，实现小数据全生命周期的安全管理。

第五节 国外高校图书馆智能化管理与服务的启示

科学技术的进步，给图书馆服务管理模式的智能化发展带来了有利的影响，国外图书馆所实行的服务管理的智能化也给我国高校图书馆服务和管理的智能化发展提供了有利的启示，以此来作为我国高校图书馆发展智能化服务管理模式的借鉴。

一、国外高校图书馆智能化管理与服务的创新性

国外图书馆在设计方面还将环境设计和现代科技融为一体，并添加了种类繁多、不同类型的阅读室，给读者创造了一种更加多样化的阅读环境。同时这些图书馆在设计时削弱了楼层所带给读者的空间感，使图书馆更加能给予读者包罗万象的感受，而设计感丰富的桌椅和配套设施也带给了读者更丰富的审美享受。

国外图书馆的服务管理智能化，创新使用最先进的机器人技术为读者的书籍查阅带来了全新的体验；读者可以在智能化设备的虚拟目录中进行自己所需书籍的检索，再通过机器书架将书籍直接输送到取书处，为读者提供了极大的便利。

第一，最先进的服务系统和高科技的可视云管理。国外的智能化服务管理图书馆拥有最先进的服务系统和高科技的可视云管理，在这些图书馆中随处可见能为读者提供云服务的高清数码屏幕，而在高校图书馆中这种智能化的服务管理还能为高校师生提供校园信息、学习资料等的可视化，使高校的读者能够直接在图书馆中以最便捷的方式获得最新的信息和学习资料。同时，这种与互联网络一体式的云技术服务管理，也给高校的读者和教育管理工作提供了极大的便利。

第二，智能化的人机交互。国外智能化服务管理的高校图书馆中使用了最先进的技术设备，录入了读者资料以及不同学科的实时信息，将图书馆作为了整个校园读者和教育管理的核心。而整个图书馆就如同是所设置的"热线"一般，可供读者和教师在一个智能化的空间中随时查阅和检索自己所需的信息，并且还成为一个可供学者进行游戏研究设计、创意创新设计、多媒体三维打印等的场所。

第三，视频会议的场所提供和重要信息的获取。在国外智能化服务管理的图书馆中有着专门用来进行视屏会议的会议室，能够及时地与世界各地进行可视交流。同时，在这一智能化服务管理的图书馆中还设有先进的监控设备，能够进行远程监控而获得实时的重要信息。视频会议交流在国外的高校中是随处可见的一种现象，因其自身存在一定的适应性，所以，高校师生只要在拥有网络的环境中就可以随时使用视频聊天或者是可视通话，而视频会议所拥有的灵活性则决定了它可以运用到各种活动中，如研讨会等。

第四，有效激发读者的创新思维。国外的智能化服务管理体现在图书馆建造方面，不管是材料的选择，还是设施设备的配置都融入了最先进科学技术的，因此对读者来说这些图书馆就是用来激发自己创作灵感的实验场所。同时，这些图书馆也很好地利用了自身的特征在其中设立了专门供读者进行创作活动的并且能让读者与外界建立起互动交流的工作室，为读者进行创意设计提供了有利环境。

二、国外高校图书馆智能化管理与服务给我国的启示

第一，图书馆服务环境的智能化。实现图书馆的服务管理智能化，应当在图书馆的建设中融入先进的科学技术，使图书馆的服务环境更加智能化。智能化的图书馆服务环境不仅能为高校师生提供更加便捷舒适的阅读环境，同时在这样一种智能化的环境中，能够有效激发读者的创新思维，使图书馆成为高校师生进行学术研究和科学创新的有利平台。

第二，加强高校图书馆智能化服务管理的设计理念。现代社会是一个数字化信息飞速发展的时代，而更加智能化的服务管理则成为大众的需求。作为培养高素质全面发展型人才的高校在图书馆的建设中，更应当加强智能化服务管理的设计理念，为高校师生在图书馆的阅读中提供更加智能化的服务与管理。多元化的服务能使高校师生感受到舒适与放松，而在这样的环境氛围中，也更加有利于读者进行天马行空的想象，从而提高自己的创新能力。

第三，图书馆智能化的服务管理应当更加便捷化。因为图书馆的智能化服务和管理旨在简化服务管理过程，如国外图书馆是通过机器化的书架，将读者所需借阅的书籍直接传递到借阅处，来体现便捷和高效的借阅体验。这种方便快捷的借阅方式包括：①自助式，这种方式能最大限度利用各种资源实现服务管理的效率化；②一站式，这种服务的方式也是以方便快捷的服务为目标所形成的一种新型的服务方式，这种方式要求图书馆能够设立足够的能够帮助读者解决问题的平台，并且这些平台所提供的服务要在最大程度上实现相互之间联系，形成一套系统化的服务管理网络，使读者的问题能够得到及时有效地解决。

第四，图书馆服务管理空间的开放化。国外的图书馆在建立时会预留一部分空间对社会开放，供展示一些创新的科技成果，而国内高校在建立图书馆时应当借鉴这一方式，在

建立时预留一部分对外开放的空间。高校图书馆可以借鉴国外智能化服务管理的图书馆的建设方式，留有对外开放的空间，让一些企业和集团能够在图书馆中展示自己的科研成果，为高校的读者创造一个能够与社会进行互动的空间，同时这些科研成果的展示也能充分激发读者的创新思维。

总之，我国高校图书馆应根据使用环境与实际情况，借鉴国外高校图书馆智能化管理与服务中优秀的经验，设置高科技创作室、游戏室，给读者提供更加高科技的体验，为读者提供更加丰富的智能化环境，为读者的阅读提供更加便捷的服务，并通过智能化的服务与管理为读者提供更加优质的阅读环境，使图书馆不仅能作为高校师生的阅读场所，同时还能成为高校师生进行创新设计的场所。

第二章 图书馆智能化管理的相关内容

第一节 图书馆设备管理的智能化发展

一、图书馆设备的类型

图书馆设备多种多样，类型不同，使用功能也不同。在图书馆的现有设备中，根据其功能的不同，可以分为两大类型：常规设备和技术设备。

（一）图书馆的常规设备

图书馆的常规设备主要指传统的、常用的家具设备，主要包括：

1. *藏书设备*

藏书设备以书架为代表，根据不同的特点可以划分为不同的类别：

（1）根据制作材料，可分为木书架、钢书架、钢筋混凝土柱书架、塑料书架、铝合金书架等。不同的材料制成的书架造价不同，强度不同，用途也不同。

（2）根据书架的结构，可分为层架式书架、分层叠架式书架（积层书架）以及叠架式书架。层架式书架指每一个结构层只安排一层书架，使用灵活，在房间内部可以随时调整存放地点，具有较大的优越性，因而常为各馆选用。分层叠架式书架即每一个结构层安排两层书架。叠架式书架即数层书架叠置起来的多层书架，因不利于防火，已少采用。此外，还有一种悬挂式书架，即书架不是放在楼板结构层上，而是吊挂在顶棚结构层上，也可以在一个结构层悬挂两层或多层书架。

（3）根据书架的灵活性，可分为活动书架和固定书架。放在楼板上可以随时移动的称为活动书架，固定在楼板（或顶棚）结构层上，不易移动的称为固定书架。

（4）根据书架架距的标准，可分为普通书架和密集书架。按常规架距排列的称为普通书架，在储备书库按密集架距排列的称为密集书架，密集书架是一种组合书架，它是平行靠拢安装在轨道上，使用时可以任意移动开一条行道取书。密集书架又分为手动和电动两种。手动书架用手摇动把手，使书架拉开距离，以便取书；电动书架是按动电钮通过电动机的驱动技术使书架自动拉开距离。

2. 阅览设备

阅览设备主要是阅览桌椅和期刊架。

（1）阅览桌。学生常用的是双面四人或六人桌，教师、研究生常用的是单人桌、双人桌，有时也用四人桌。研究厢里通常是配备特制的单人桌，桌上可以附设小书架和台灯，还可以附设视听开关。阅览桌要求桌面坚硬、平整、耐用，易于擦拭。桌面颜色宜素洁，以符合阅览的心理要求。阅览桌也可以局部（桌腿、桌面、四边）采用钢材、塑料、铝合金等制作。

（2）阅览椅。一般为木质，也有塑料椅、竹椅、藤椅，或局部钢质座椅。阅览室还常用软席椅和扶手椅，并宜在阅览区内附设少量休息用沙发。阅览椅要求舒适稳当，坚固耐用，轻便灵巧、挪动方便并没有声响。

（3）期刊架。主要指陈列现刊或过刊的架子。收藏合订本过刊的期刊架可以利用普通书架。期刊架主要有水平陈列式、竖向陈列式和斜向陈列式等三种。水平陈列式是在普通书架隔板上加竖隔板，把每册期刊依次平放在被竖隔板隔开的隔板上。这种期刊架由于陈列效果不明显，只适用于闭架式或不常用的期刊使用。竖向陈列式是把期刊立插在格子里，格子呈锯齿形（台阶式），读者可以看到刊名，便于期刊开架陈列，但容量不大。斜向陈列式设有倾斜的隔板，可以把期刊的整个封面展示出来，上下隔板的倾斜度还可以不同，使下部接近水平，以适应人的视线。为了把同一杂志的新到现刊与近期未装订期刊陈放在一起以便查阅，还可以使倾斜隔板能抬起来推向后上方，里面设置书格，存放近期未装订期刊。

3. 服务设备

服务设备主要有目录柜和出纳台。

（1）目录柜。目录柜是承载读者目录和公务目录的设备，它主要由目录屉组成。目录柜通常是放在底座或台桌上，有的还附有抽板。目录柜竖向和横向的屉数不同，常见的有横三层、竖三格、横五层、竖三格到竖六格不等。一般说来，藏书量大，卡片多且读者不太集中的图书馆可以选用竖向格数多的目录柜。反之，藏书量小，卡片目录少的图书馆则可以选用竖向格数少的目录柜，甚至有的小型图书馆将目录屉敞开，固定地排列在桌面上，成为一种目录台，或做成目录盘放在台桌上。

（2）出纳台。读者服务、咨询等所需的出纳台，要有足够的长度和工作面，出纳台可分固定式和组合式两种。固定式使整个出纳台形成一个不可拆卸的整体，有的还固定在地面上，但这种做法失去了移动的灵活性。出纳台多用木质材料制作，或塑料贴面，或钢筋混凝土加水磨石、大理石等贴面。组合式出纳台是由制成长 1 000mm 各种不同功能的单元所组成，它可根据需要变化，灵活拼装，它的单元形状一般为矩形和转角两种，可以布置不同的形状。如果布置在阅览室的中心位置，还可以布置成六角形或八角形。

（二）图书馆的技术设备

图书馆的技术设备可分为电子计算机、传递设备、文献复制设备、视听设备、文献存贮、检索设备等。

1. 电子计算机

为了实现图书馆自动化，图书馆必须有计划有步骤地采用电子计算机。在图书馆工作中，电子计算机可以应用于很多方面，如图书采访、分编、文献检索、书刊流通、行政管理等，具有很大的应用潜力。计算机是技术设备的核心，是图书馆实现自动化所依赖的主要设备。

2. 文献复制设备

这是一种将图书资料（文字、图像）照原样印制出来的设备。文献复制设备主要有静电复印机和缩微摄影设备。

3. 视听设备

又称声像设备，是以记录和再现声音和图像信号为手段的一种设备，包括录音机、录像机、电视机、电唱机、复录机、幻灯机、投影仪及放映机等。

4. 传递设备

为了减轻工作人员取送书刊的体力劳动，缩短读者等候时间，在大中型图书馆的闭架库可以设置机械化、自动化的水平和垂直传送设备。

（1）水平传递设备。水平传递设备是书库内部或书库到出纳台之间的水平传送工具。常见的有电动书车，即利用电动机牵引运书小车传送图书。悬挂式书车，即利用出纳台与书库的上部空间作为水平运书路线，悬挂书斗，以电动机为动力，通过悬挂导轨或采用金属链条做导引进行传送；图书传送带，即在出纳台和闭架书库之间设置的一种连续循环式的传送图书设备。

（2）垂直传送设备。垂直传送设备是多层书库纵向之间的传输工具，常用的有：人力书斗，即利用滑轮提拉小书车垂直运送书刊；电动书梯，亦称升降机，一般是利用电梯厂生产的小型杂物梯改装而成。链式垂直传送机，它是由电动机带动一条封闭的环形铁链，由挂在链上的一系列耙形书斗，随链的上升或下降转动，进行连续性传送图书；库内电梯，多为大型、多层书库采用。高层建筑也可设置载人电梯。

（3）混合机械传送设备。混合机械传送设备是把水平传送和垂直传送结合起来，以便于把任何一层楼上的书刊直接传送到出纳台，适用于大型图书馆的闭架书库。此类设备在国外较早采用，常见的有两种：①轨道式。书车随着轨道或升降或平移，将书从任何一层连续运送到出纳台。②链条式。即将耙形书斗挂在一条环形铁链上，随着铁链的转动，书斗或上或下或平移，将书从书库运送到出纳台。

（4）自动化传送设备。国外已有完全自动化的机械手取送书设备。它是利用电子计算机通过控制台发出指令，把需要的书刊从架上取出，并迅速传送到出纳台。

5. 文献存贮、检索设备

书刊资料在过去是以纸张为载体，通过手工检索；计算机出现以后，存贮、检索技术不断发展，目前已可以实现数据库、磁盘、激光盘、录像盘等自动存储和检索。

此外，在图书馆中使用的设备还包括图书防窃装置、监测装置、空调设备、自动消防装置（报警、灭火），事故照明灯，以及中外文打字机、油印机、打孔机、计算器、装订器、书车等。

二、图书馆智能穿戴设备的应用

（一）图书馆智能穿戴设备的技术解读

图书馆智能穿戴设备采用了多种先进技术，以提供个性化、智能化和高效化的图书馆服务。其中一些关键技术包括：

第一，传感技术。智能穿戴设备使用各种传感器，如加速度计、陀螺仪和心率传感器，以收集用户的身体数据和环境信息。这些传感器可以监测用户的活动、心率、体温等参数，从而实现更精准的个性化服务。

第二，增强现实技术。智能眼镜等设备可以使用增强现实技术，将虚拟信息叠加到现实世界中，为用户提供导航、定位和相关资源的实时展示。借助增强现实，用户可以在图书馆中更快速地找到所需的书籍和资料。

第三，数据分析和机器学习。智能穿戴设备利用数据分析和机器学习算法，对用户的兴趣、借阅历史和阅读行为进行分析和推断。这些技术可以为用户提供个性化的图书推荐和服务提醒，提升用户体验。

第四，生物识别技术。智能穿戴设备可以使用生物识别技术，如指纹识别、虹膜识别等，进行身份验证和访问控制。这些技术可以确保只有授权用户才能使用特定的图书馆资源和服务。

综上所述，图书馆智能穿戴设备的技术涵盖了传感技术、增强现实技术、数据分析和机器学习，以及生物识别技术等。这些技术的应用使得图书馆能够提供更加智能化、便捷和个性化的服务，提升用户体验和图书馆管理效率。

（二）图书馆智能穿戴设备的功能与实施方法

1. 图书馆智能穿戴设备的功能

现有的智能穿戴设备，如以 HoloLens①与谷歌眼镜（Google Glass）②为例，视为业内标杆的是 HoloLens，本质是一台独立的电脑，没有外部配件或线缆阻碍使用者的移动。HoloLens 内置 Inside-Out 技术，其搭载的手势识别、面部识别、眼球追踪、语音交互控件提供了多种数字对象和现实世界进行交互的方式。谷歌眼镜与使用智能手机相比能够更为直观、及时地为用户展示信息，是真正意义上的可视化信息服务。基于现有的智能穿戴设备，图书馆可以开发的功能如下：

（1）智能导航。目前，图书馆的借阅服务以读者自助式的借阅方式为主，这种方式使得读者有较大的自主选择性。智能穿戴设备在图书馆的应用不仅仅局限于定位书籍、帮助读者寻找图书，在图书馆举办展览、讲座、沙龙等交流活动时，读者也可以通过智能穿戴设备及时获取相关信息、捕捉并存储影像画面。

（2）全民服务。享受公共文化设施与服务是我国全体公民共同享有的权利，智能穿戴设备的出现与运用能够有效缓解这一不平等的状况，使得弱势群体借助智能穿戴设备也能够像正常人一样获取和享受图书馆的信息与服务。如智能穿戴设备通过安装具有识别功能的摄像头向佩戴眼镜的有视力障碍的特殊人群用语音播报他们所指向的任意事物，帮助盲人或视力有障碍的患者通过听觉来"看"世界；手指阅读器能够让患有视觉障碍的用户通过指尖的触觉来听图书，特别的是，当使用者的手指不在水平线上移动时，阅读器会发生震动以此纠正使用者手指放置的位置。这些智能穿戴设备的发明与应用有力地推动了弱势群体利用图书馆的频率和效率，为图书馆实现真正的全面服务提供了物质及技术上的保障。

（3）精准服务。图书馆为读者提供精准、个性、智慧的信息服务是民心所向。这种智慧服务的最终实现是建立在对读者充分了解的基础之上的，只有充分了解和掌握读者的个性化需求，尤其是在特定时间节点的即时性读者需求，图书馆才能为读者提供具有创新性和个性化的知识服务。智能穿戴设备深度融合了传感技术，以其强大的人机交互能力使得

---

①微软 Hololens 全息眼镜是微软推出的一款虚拟现实装置，为头戴式增强现实装置，可以完全独立使用，无须线缆连接、无须同步电脑或智能手机。

②谷歌眼镜（Google Project Glass）是由谷歌公司于 2012 年 4 月发布的一款"拓展现实"眼镜，具有和智能手机一样的功能，可以通过声音控制拍照、视频通话和辨明方向，以及上网冲浪、处理文字信息和电子邮件等。

它相较于其他设备有着不可比拟的优势,利用数据存储、人机感应技术,它可以实时记录、存储和分析用户的位置、行为及健康数据等信息,并结合算法进行大数据分析,这种融合情境的数据分析方式能为读者提供更加丰富精准的服务。传统图书馆往往通过馆舍门禁系统、自助借阅终端以及数字图书馆终端等系统中的用户日志来收集读者信息,智能穿戴设备的出现不仅彻底改变了传统图书馆获取读者行为信息的方式,还增强了图书馆与读者的交互性。

总之,智能穿戴设备在图书馆中应用能够丰富图书馆服务内容,扩大图书馆服务对象,加深图书馆服务层次。目前,图书馆由于经费不足以及智慧环境不成熟等原因还没有广泛使用智能穿戴设备,但以其能够为读者提供融入情境、深入精准服务的特点,相信能够在图书馆智慧化转型中发挥其更大的价值。

2. 图书馆智能穿戴设备的实施方法

(1) 构建图书馆设备综合管理平台,记录图书馆内各设备分布情况、基本参数、硬件配置、设备购买及维修历史,构建一个完备的设备管理数据库。

(2) 利用网络服务,将数据库数据对外发布,发布后设备运维人员可以通过智能穿戴设备快速获取设备的详细信息及故障历史,从而快速处理设备故障。

(3) 应用部署成功后,即可在智能穿戴设备上运行应用。以自助复印机为例,复印机的设备编号、类型、管理人、IP、故障及处理方法全部都会浮现在智能穿戴设备使用者眼前、自助复印机的上方,并且由于智能穿戴设备使用的空间感知定位技术,无论使用者的位置怎样变动,运维信息的显示都会固定在同一指定位置,方便运维人员查看并进行故障排除。

(4) 使用效果及问题。在使用过程中,智能穿戴设备自身的强大功能,给图书馆设备运维工作带来了前所未有的良好体验。①它可使设备运维人员熟悉设备的故障历史记录及对应的维修方法,从而辅助图书馆设备运维;②由于智能穿戴设备是独立的穿戴设备,无线缆及外部配件,解放了双手,同时它的空间扫描和成像方式都能够使人实时感受到顺畅、真实的交互感,在感知物理环境的同时自然获取数字信息,用户睁眼即可看到效果,抬手即可操作。

总之,智能穿戴设备向我们昭示了一种智能终端更加集成化、操作更便捷的未来。未来随着技术的成熟,图书馆就会有能力购置更多的智能穿戴设备,可以实现更多更好的应用,开展更多样化的读者服务。为了推动图书馆服务的发展和创新,作为图书馆工作者,我们既要跟进新技术的发展,尽量满足读者需要,又要审时度势,结合图书馆技术能力、基础及实际需求来运用新技术。作为先进的科技产品,智能穿戴设备在图书馆领域无疑将有广阔的应用前景,今后还有待图书馆工作者进行更深入的发掘。

第二节 图书馆智能化消防安全管理

一、图书馆消防安全的常规管理

（一）图书馆消防安全管理的方法

1. 建立健全的规章制度

图书馆要建立健全的消防安全管理制度和操作规程，去保障消防安全并实施透明原则，把它公布出来，在大众的监督下更有利于贯彻落实。消防安全教育、培训；防火巡查、检查；安全疏散设施管理；消防（控制室）值班；消防器材设施维护管理；用火用电安全管理；燃气、电气设备的检查管理都是单位消防安全管理制度囊括的内容。

2. 加强电气设备的消防安全管理

预防和减少火灾的重要因素是规范地设计和安装电气设备，这是因为事实上很多火灾都是由于电器短路、故障等因素导致的。平时根据法律法规加强对电气设备的管理也是必不可少的。

（1）遵循"四个严禁"，确保用电安全。

第一，严禁在书库的电闸下堆放容易燃烧爆炸的物品，防止在打火时火星落到上面而引发火灾，且书库内要配置配电盘。

第二，严格禁止使用有故障的机器设备。预防发生漏电、短路、超负荷等情况。

第三，严禁同一线路上连接着很多台大功率电器，私接乱拉各种临时线的方法更是不可取的，因为插座不能多个电器同时使用，所以如果需要长时间使用就要考虑在该地点设置一个专门的线路，并且插座应避免接近火源和水源。

第四，严禁在书库内使用高温发热照明设施和家用电器，如碘钨灯、电炉等。

（2）重点部位，重点防范。图书馆的书库应采用金属套管保护的芯线来设置库房的电器线路，因为书库是图书馆防火的重点部位。书库内照明灯应采用距可燃物 50cm 以上的吸顶白炽灯，走廊的上方是布置灯座的最佳位置，灯座上的灯如果是荧光灯那就不能直接固定在容易燃烧的物品上面。用完电器以后应该及时拔下插头，关掉电源以后再离开库房，如果有一些设备不能断掉电源，那么一定要做好定期检查工作。

（3）注意季节特点，采取相应措施。随着季节的变换，图书馆馆内的安全隐患也是不同的。虽然冬季天气寒冷，但是火炉等明火取暖、电炉等电器设施取暖的方法也是万万不可采用的；而夏季多雨，环境潮湿，为了防止设备在淋到雨以后发生短路，造成火灾，应该在下班后关好门窗，及时拔掉插头，且插座最好是用不会燃烧或者难以燃烧的物品垫离地面 10cm 以上。

3. 实行健全的防火安全责任制

消防安全的第一责任人是图书馆馆长，馆长需要做的事情很多，图书馆的消防安全工作由他全权负责，他不仅需要寻找多个不同岗位的员工专门领导消防安全，让防火责任落实到具体的人身上，还需要为图书馆设立义务消防队并定期组织图书馆的全体员工开展消防知识的学习和培训，让员工既能了解关于消防的基本常识又掌握应该怎样灭火，还能学会很多关于在遇见火灾时应该怎样逃脱的方法。

4. 加强烟火管理与建立动火申请制度

（1）加强烟火管理。图书馆内的书库和阅览室等场所应不允许把火种带在身上，并且加强对一切可能产生明火的物品的管控。不仅每天安排专门的人巡逻检查遗留火种等诱发因素，而且在晚上也要派人进行定时巡查，最好也在图书馆内设置让人容易看见的禁烟禁火标志。

消防控制室应落实 24 小时有不少于两人的工作人员值班备勤，火灾自动报警系统一旦发出警报，那么就能有一个人留守坚持岗位，另一个人则迅速地去报警并查看情况，搞清楚警报发出的原因，进行报警登记。看一看是不是误报，如果是，就解除警报，如果不是，就应该及时拨打消防电话，并通知相关领导，组织灭火自救。

（2）建立动火申请制度。动火申请制度就是指施工前，施工单位应该根据用火管理制度办理相关审批手续。为了杜绝无证上岗，对施工人员的资质保卫部门应该进行审查，同时制定清除现场周围的可燃物、配备足够数量的灭火器并派两名以上保卫人员现场盯护直至施工结束等措施去防患于未然。现场保卫人员还应该监督动火施工人员的行为是否违反消防安全规定，如果一旦发现其有违规操作，就应该马上让施工人员停止工作，防止事故发生。这也是为了确保馆内的焊接、切割等施工的安全。

（二）图书馆消防设施管理的方法

消防队从接到报警到到达火灾现场需要一定的时间才能展开行动，在这段时间内，小火可能变大火而酿成火灾。为了避免这种情况发生，灭火器、自动消防设施就显得非常重要，所以平时图书馆管理人员应该对室内外消火栓、水泵接合器、水枪、火灾自动报警系统、自动灭火系统加强保养，根据要求进行检测，及时修复和更新损坏、锈蚀、丢失的部件。

为了确保灭火器材设施完整好用,还要定期为灭火器检测更换。一旦发生火灾,在报警以后,图书馆管理者也可以带领员工们用现有的消防设施救火,控制火势甚至把火扑灭,将火灾可能造成的损失降到最低。单位应该设置灭火器材管理档案、绘制消防设施方位图,注重消防器材的管理。安排距离消防设备最近的专人负责保养每组灭火器和每一个消火栓,如果发现有损坏或者丢失就立即向保卫部门报告。保卫部门还要在固定的时间内对这些消防器材进行全面检查,尽早登记维修和更换过期失效、压力不足、损坏锈蚀的消防器材。

二、图书馆智能化消防安全的火灾应急方案

图书馆应会同当地消防部门共同制订包括重点部位的布置和人员的位置的初期火灾灭火作战方案、疏散措施,火灾前、火灾中、火灾后图书资料的抢救转移方案,火灾现场的医护抢救等灭火和火灾应急疏散预案,而且要定期实施演习,在事实的基础上不断完善预备方案。图书馆的工作人员也要明白自己应该在火灾发生时做哪些事情来减小火势,明确自己的责任。有了这种演练,员工在此过程中感受到了真实的火灾,学会了镇定自若地应对突发的火灾,并了解掌握报火警的正确方法和如何使用灭火器材设施以及逃生等问题。

三、图书馆智能化消防安全管理的有效策略

图书馆智能化消防安全管理可以利用物联网、人工智能、互联网+监管等技术,融入大数据云平台、火警智能研判等应用,实现城市消防智能化管理,信息传递效率高、提高消防设施有效性,对消防部门执法、监管管理模式有促进作用、提升消防救援能力、降低火灾发生概率。因此,图书馆智能化消防安全管理的有效策略如下:

第一,依法落实消防安全责任制。落实消防安全责任制,制订本单位消防安全制度、消防安全操作规程,制定灭火和应急疏散预案;图书馆应该确定本单位主要负责人为消防安全责任人,负责图书馆的消防工作,任命消防安全管理人具体执行消防安全管理。划分部门的消防安全责任并督促落实,明确本岗位火灾危险性,严格执行谁主管谁负责,谁在岗谁负责的工作原则,出现安全问题要做到层层追责,层层落实解决消除火灾隐患的能力。

第二,开展智能化管理手段,提升本单位防范火灾能力。"智慧消防"的终端在监管部门,使用方和直接受益方为社会单位,图书馆作为重要的人员密集场所,推动安装物联网,开展智能化消防安全管理意义重大。智慧消防依托物联网平台,综合利用物联网、大数据、云平台等技术,建立分级预警的消防大数据应用平台,集合消防远程监控、智能独立式烟感报警、智慧安全用电监控、城市高清视频监控、智慧消火栓管理、单位日常消防

巡查管理、移动执法等系统一网运行，实现在线监测、智能分析和分级预警功能，同时与消防应急指挥系统互联互通。

图书馆作为被相关执法部门监管对象，安装控制室远程监控系统、智能烟感、智慧用电、视频监控、日常消防巡查管理等系统，将场所现有的消防控制室信号接入智慧消防物联网平台，使用手机终端，单位消防安全管理人可以随时掌握本单位的消防设施、用电情况、消防控制室值班人员在岗情况、巡查情况等。

第三，利用好智能用电系统，提升电器设备和电路检修能力。使用物联网智能用电系统，时刻监测场所电气情况，一旦出现过负荷、电路老化短路等情况提示报警，现场组织维护修缮，可及时发现电气线路、用电方面的隐患，及时处置。在改造施工中，图书馆内的电器设备应按照规定进行安装，照明设备远离可燃物，书库禁止使用大功率电器设备，定期进行配电间等重点区域检查，及时排除维修发现问题并登记解决。

第四，智慧消防平台实时监测自动消防设施运行情况，提高消防设施器材维护保养效率。图书馆应投入专项经费进行完善消防设施的配备，在完善消防器材配备后保证完好有效使用。设置火灾自动报警、自动喷水灭火、防排烟、监控等系统，并将其接入智慧消防平台，实时监测。通过远程监控系统的监测，可以及时发现脱岗问题，通过智慧消防平台实时监测自动消防设施运行，节约人力成本，提高消防设施的维护和使用效率。

图书馆使用智能化消防管理手段，利用红外线探测、智能远程监控、电气实时监测电流等技术，全面记录当前消防设施状态，如有系统故障及时发出警报，保障消防设施完好可用，同时为研判火灾发生概率提供精准信息。通过视频监控系统、物联网数据等，智慧消防能实现现场人员、地理方位、实景数据等的集成，并实时动态更新，也能为一旦发生火灾事故现场作战的消防救援人员借助这些精细化数据，能实现精准作战，提高救援效率。

智慧消防使用智能终端、感知设备，利用物联网技术，结合大数据云平台，一旦检测到险情与异常，系统自动在第一时间通过终端设备通知用户及时处理。化被动发现险情为主动监测预警，以防为主，将险情控制在萌芽状态。这是传统的人管模式难以做到的。使用智能化管理模式，是提高本场所消防安全管理能力的一剂良药。

总之，在图书馆消防安全工作中，落实消防责任制，消防设施完整并保持完好有效，结合智能化消防安全管理方式，及时消除安全隐患，及时发出预警严防火灾发生，一旦发生火灾按照预案及时科学处置，必然能保证图书馆人员和藏书安全，稳固本单位消防安全形势。

第三节 图书馆智能化系统运维管理策略

一、图书馆智能化系统运维管理的必要性

为了保障信息化服务稳定高效地进行，智能化设备和系统的运维工作尤为重要。

（一）有利于提高图书馆管理效率

智能化设备的引入给图书馆本身的管理带来了全新的改变，由传统的手动借还模式和盘点的工作方式，改为读者自助借还和图书智能扫描式盘点和上架，借助智能化设备和系统的先进技术，图书的借还和盘点依靠智能化设备操作简单高效。

图书馆智能化系统运维管理可以免除由人工操作失误造成的一系列困扰问题；释放出更多的馆内人员，重新优化人员配置，为图书馆提供更高层次的知识服务和学科服务，配置更多的储备人才，提高了图书馆业务管理的效率和水平。

（二）有利于提高图书馆信息资源服务水平

图书馆在智慧化建设进程中，都引进了智能化硬件设备和相应的软件系统，如 RFID 智能管理系统、自助借还机、24 小时自助还书机、预约书柜、移动式盘点车、预约座位机、研讨间、云桌面多媒体教室、视听室、自助打印机及智慧化业务管理系统、大数据平台系统等。这一系列智能化设备及系统首次在图书馆中应用，如自助借还图书、自助预约座位、自助预约研讨间、自助多媒体学习、自助打印等，不仅给读者带来全新的自助服务的体验，提高图书馆信息资源服务水平，还丰富了图书馆的服务内容和服务形式。所以对自动化设备的日常运维管理显得尤为重要，保障了设备正常运行的同时，才能保证资源的信息化服务。

（三）有利于保障数字资源利用

数字资源是图书馆中最重要的文献资源之一，由于互联网技术的发展，通过网络获取电子资源成为读者最常用的一种技术手段，确保数字资源访问路径和网络正常，是图书馆信息资源维护中最重要的工作之一。

目前，高校为丰富馆内数字资源，除购买的中文、外文数据库外，大多有自己馆内的特色资源库和机构库资源，需要建立图书馆自己的服务器来存储原始数据。服务器是承载大量

数字资源的计算机，具有存储数据、响应服务、保障服务的能力，加强运维管理只有确保服务器正常运行，其功能才能正常发挥，才能有效地保障数字资源的正常访问和利用。

二、图书馆智能化系统运维管理的优化措施

（一）重视细节，保障系统高效运行

保障设备高效运行，从顶层设计上制定相应的管理制度和明确运维工作职责是首要任务。管理制度的制定包括，采购合同里对厂商售后服务的具体要求和图书馆馆内设备运维管理相关制度。设备相关技术运维需要依靠厂商技术力量来解决，在采购合同里须制定对厂商有约束力的售后条款，这样才能获得足够多的厂商技术力量支持，既可以保障建设初期的设备平稳运行，也可以保障对馆内工作人员技能培训工作的顺利展开。

在日常设备运行中，馆内的管理制度必不可少，如各运维人员对每个设备要明确具体运维工作职责，要清楚具体了解工作内容和相关负责的设备明细，还有设备运维的工作细则说明，包括日常巡检安排、设备各部门分工情况、设备维护记录表、用户反馈、设备运行统计等相关工作进行具体说明和规范。

只有将管理制度落实，各部门工作才能依照制度有序地参照执行，这样才能保障设备运维工作平稳有序进行。另外，在制定完成初步管理制度后要结合各馆的实际情况经过几次小组讨论和领导审查，只有符合本馆实情且细致全面的管理制度才能真正地来保障设备稳定运行，以此来提高设备的使用率、提升读者使用设备的满意度和提升读者对图书馆服务水平的认可度。

（二）实施分类管理，发挥所长

智能化系统是由智能化设备、软件系统、服务器所构成。依照三大组成部分，可以实施分类管理，分成设备硬件运维、软件运维和服务器网络安全运维。每类的技术侧重点不一，所需要的专业知识点不同，不同的技术需要不同专业的技能人员，对设备进行分类管理，不仅可以使得人员配置科学合理化，让每个员工发挥所长，也可以使得设备运维得到专业人员的保障，保证设备运维服务的质量。

（三）人员分级培训，各尽所能

智能化设备架设主要是厂商负责完成，后期设备的运维完全依靠馆内人员，培养馆内人员具有设备运维能力是重中之重，是保障智能化设备和系统顺畅运行的主要措施。因智能化设备和软件系统来自不同厂商，设备运维时处理的复杂度各异，对人员专业度要求也

不一，对人员的培训可以实施分级分类的方式进行。

第一，选出对信息化知识接受的程度高或具有相关设备经验背景的人员，将其列为种子培训人员，进行全面、系统地培训，包括设备运行工作原理、常见问题分析及解决办法、系统运行模式等方面的专业性的培训，以期待遇到问题能依照给出的经验办法自我分析解决。

第二，选出接受程度一般的人员，依照负责设备划分，学习负责一部分设备的运维知识和异常处理解决方案，专职专责，如分软硬件和网络安全方面等来进行专项培训。

第三，所有与设备相关或接触的人员都需要掌握简单异常的处理方法，依照技能的难易程度对相应接受能力的工作人员进行分级培训，既可以使人员配置得到优化，也可以使人员技能利用最大化。

总之，随着信息化建设的升级和智慧化程度的提高，智能化设备和系统的运维复杂度将会越来越高，不仅要重视建设，更要重视日常维护，才能体现出图书馆"读者第一"的服务理念和日益提高的服务水平。虽然图书馆的设备运维外包服务将成为必然趋势，但是在这样特殊的时期，图书馆还应担负起应有的职责，从加大技术开发、培养技术人才、制定管理措施等方面为保障设备运维工作有序进行做出更多的努力。

（四）监控系统建立，统一管理

如何及时发现异常设备并及时处理，是设备运维人员提升自己工作能力的一个重要方面。目前，大多设备都可以实现后台自我监控设备是否正常、异常或者下线的功能。但是对于图书馆来说，需要高效地管理所有的智能化设备、监测所有智能化设备的运行情况，以便及时发现异常设备，才能提高我们的运维管理效率。

建立一套大数据监控展示系统，智能化设备与之进行对接，画面可以展示所有设备运行情况，统一进行管理。将设备运行情况分颜色进行管理，若运行正常显示绿色，运行故障显示黄色，设备已停止运行则显示红色，并设置语音报警，实时监控所有设备的运行状态，若出现异常，则自动报警提醒。

为了保证随时随地可收到监控提醒，可与微信小程序或邮箱对接，与个人微信或邮箱进行关联，报警信息也可通过微信或邮箱发送，增加异常信息获取的渠道，使得运维人员不在监控现场也可及时收到信息，加快设备运维的速度。监控系统里还须添加设备运行日志和数据统计模块，可以依照时间选定统计设备异常的次数，对其进行分析，对于出现异常较多的设备，要深入挖掘其根本原因，联系厂商彻底解决，以减少设备出现的故障率。监控系统的建立不仅可以监控设备运行的状况，更可以通过设备运行状况去发现设备运行质量问题，彻底找出设备异常原因并解决，减少设备运维出现问题的概率，提高设备使用的可靠性。

第四节　图书馆工作中智能化门禁管理系统的应用

一、图书馆智能门禁管理系统的主要特征

（一）智能门禁管理系统的结构紧凑性

从智能门禁管理系统需要结合用户需求，以及相关技术架构来看，智能门禁管理系统的安全性和稳定性是比较强的，结构紧凑性尚待增强，主要通过通道控制层、系统监控层、数据管理层这三个层面进行发展。如今，更加智能化和成本更低的嵌入式控制器出现和得到应用，嵌入式 PC 架构也得到了优化，我们可以从物理结构优化方面入手，利用 TCP/IP 协议，实现不同层面之间的信息和数据交换，设备成本更低。

我们可以对相关参数进行修改，实现各种数据库的有效连接，并撤销厂商最初的数据库，实现信息和数据共享，确保底层控制集中化，多媒体物理结构的精简化，使得系统更加紧凑。总之，未来的图书馆智能门禁系统底层控制器的性能会越来越高，设备成本会越来越低，相应的硬件架构也会越来越紧凑。

（二）智能门禁管理系统的技术集成性

图书馆智能门禁系统，其实属于一种比较常见的集成系统，涉及的技术和设备是比较多的。①在系统通道控制层，主要涉及传感技术、继电器电气技术、总线技术等；②在监控层，主要涉及网络信息技术、多媒体通信技术、智能监控技术、现代编程技术等；③在管理层，主要涉及网络信息技术、数据库技术、验证技术等。总之，在我国网络信息技术不断发展的背景下，图书馆自动化门禁技术集成性会越来越强，其发展会带动相关技术的同步发展。

（三）智能门禁管理系统的接口开放性

图书馆要想实现自带系统和当代管理信息系统的有效连接，就必须从根本上优化数据库接口。图书馆应该做出标准协议下的信息结构优化和接口定义，优化自动化门禁系统的数据库接口。从长远来说，不断提升图书馆智能门禁系统接口的开放性，可以提升厂商和用户的经济效益。

（四）智能门禁管理系统的运行智能性

未来，图书馆智能门禁系统运行的智能性会越来越强，我们可以通过程序应用，使用计算机技术，做相关的思维推理工作，使得门禁系统更好地适应环境，实现自动化决策，达到高级智能发展的目标。通过管理学研究可知，我们实现图书馆门禁系统智能化，可以更精准、快速地验证用户身份，丰富和优化图书馆资源，做好通道控制工作。

此外，生物特征识别技术会得到广泛应用，这也会确保图书馆智能门禁系统的智能化发展。在当前图书馆管理系统越来越复杂、功能越来越强的情况下，不同种类的图书馆门禁系统优化与升级方面的问题逐渐增加。我们必须明确问题产生原因，采取有效优化方案，促进系统的可持续和智能化发展。

二、图书馆门禁系统的作用

对于高等院校的图书馆来说，门禁系统能够既准确又有效地获取详细的入馆情况，比如每个时间段的入馆人次、入馆的高峰期、入馆人员的身份信息等，这些统计数据对改进图书馆的工作、提高图书馆资源的利用率有着非常大的意义。

门禁系统有利于加强图书馆的安全、保护各类图书馆馆藏资源、节省人力成本等。图书馆门禁系统的关键在于根据不同的需求设置不同用户的权限，在符合进入权限时才可以打开闸机、进入图书馆，尤其是出现安全隐患时可以借助门禁系统强大的数据库进行排查，方便了人员管理，节约人力成本的同时保障了馆内财产安全。图书馆门禁系统自设立以来，经历了多种身份验证的方式，如起初的手动登记个人信息，到后来产生了条码卡、接触式磁卡以及 IC 卡①，发展到现在的非接触式 NFC 卡②。随着信息技术的不断进步，门禁卡也一直在变革，变得更加安全可靠。高校可以利用图书馆门禁系统对进入图书馆的人员的身份进行辨别，一定程度上避免了无关人员的随意入馆，极大地保障了图书馆的安全。

---

①IC 卡（Integrated Circuit Card，集成电路卡），也称智能卡（Smartcard）、智慧卡（Intelligentcard）、微电路卡（Microcircuitcard）或微芯片卡等。IC 卡与读写器之间的通信方式可以是接触式，也可以是非接触式。根据通信接口把 IC 卡分成接触式 IC 卡、非接触式 IC 和双界面卡（同时具备接触式与非接触式通信接口）。IC 卡由于其固有的信息安全、便于携带、比较完善的标准化等优点，在身份认证、银行、电信、公共交通、车场管理等领域正得到越来越多的应用，例如二代身份证，银行的电子钱包，电信的手机 SIM 卡，公共交通的公交卡、地铁卡，用于收取停车费的停车卡等，都在人们日常生活中扮演重要角色。

②NFC 即近场通信（Near Field Communication），是一种短距离的高频无线通信技术，使用 NFC 技术的设备（如手机）可以在彼此靠近的情况下进行数据交换。NFC 由非接触式射频识别（RFID）及互连互通技术整合演变而来。它通过在单一芯片上集成感应式读卡器、感应式卡片和点对点通信的功能，利用移动终端实现移动支付、电子票务等应用。

三、图书馆门禁系统中的微信二维码技术应用

门禁系统在整个社会的安全防范体系中有着十分重要的地位，它被应用于我们周围许多细微之处，默默无闻地发挥着极其重要的安全保卫作用。门禁系统通过验证身份的方式，筛选出了无权限进入者的信息，无形之中为社会排除了很多安全隐患，使日常的生活和工作更加有序和谐。

（一）二维码技术

二维码，又称二维条码，是指在一维条码的基础上扩展出另一维具有可读性的条码，使用黑白矩形图案表示二进制数据，被设备扫描后可获取其中所包含的信息。中国对二维码技术的研究开始于1993年，当前二维码悄无声息地成为人们日常生活中不可或缺的一部分。二维码的优势在于涵盖信息量大，准确性高，制作成本低廉，操作简单，使用持久。

随着二维码技术的发展，手机扫码购物、扫码乘车的风潮也逐渐兴起。

第一，扫码购物。当前，扫码购物成为一种十分流行的移动购物方式，购买者首先要在智能手机上下载安装专门的软件，即可利用手机自带的摄像头扫描二维码进行下单。二维码不仅在购物方式上得到了应用，还为日常出行带来了深远的影响。

第二，扫码乘车。市民通过扫描二维码乘坐公交车，保障了乘客财产安全的同时解决了乘客的诸如无法找零、没有或者忘记随身携带公交卡、无法及时充值以及卡内余额较少的困扰，极大地方便了市民的出行。

（二）二维码在图书馆门禁系统的应用

随着第三方支付的普及，超市以及各种经营场所也都紧跟潮流改进设备，逐渐接入了支持第三方移动支付的刷卡终端。紧跟时代潮流的二维码门禁系统是利用手机移动端、二维码识别系统以及闸机技术的结合来实现门禁系统的开关。如读者可以移动图书馆App中开通二维码门禁服务模式，使得读者可通过扫码进入。这种功能的实现包括以下原理：①读者可以先在移动图书馆App中注册用户名并设置密码、绑定账户；②入馆前，师生须点开此App，通过扫码功能扫描图书馆门禁上的二维码；③App会自发识别刷卡人身份，若识别通过则图书馆门禁会自动打开；④App向刷卡人发送欢迎进入的信息。虽然这种模式很便捷、智慧，但需要使用者下载图书馆要求的App。

四、智能化门禁管理的人脸识别技术应用

人脸识别①是能够对人的脸部特征信息进行身份识别的一种先进的生物识别技术。图书馆智能门禁系统的人脸识别功能是指通过摄像设备对人脸图像采集，再利用计算机识别算法进行分析，实现门禁功能的智能化管理的系统。近年来，人脸识别技术取得了很大的应用发展，而且"刷脸"进出属于自动识别，通过摄像头自动进行信息采集，身份比对确认时间大大缩短，过程完全无接触，读者只需要正常状态在摄像头前即可迅速通过门禁。无接触的身份验证过程，也可以避免病毒和细菌的接触性传播。

人脸识别系统只需要有摄像头获取图像或者批量导入头像照片数据信息，对设备的专业性要求不太高，经济成本较小。门禁系统识别人脸信息的时候，通过摄像头设备实时拍摄读者人脸图像，并同步将获取的人脸图像信息与人脸数据库中已经生成的特征图像进行搜索对比，并展示相似度最高的人脸，完成人脸识别任务。

近年来，"刷脸"功能在许多领域已经得到了广泛应用，也是一项已经足够成熟的技术，识别精度高，识别速度快。人脸识别功能在安防门禁管理上应用最多，取代原有的接触式识别门禁系统，能在图书馆智能化管理工作上发挥重要作用，更能适应读者的需求。

现代图书馆纷纷开展了新型图书馆建设，新型图书馆建设首先要开展智能化图书馆的服务，智能化管理除了提高馆员的效率，更加重要的是要给广大师生读者带来便捷便利和人性化的服务，其中，带"刷脸"功能的智能门禁系统是基本的一环。将人脸识别技术全面引入图书馆还有难度，技术没有完全成熟，但首先升级改造图书馆的门禁系统，加入人脸识别功能，目前则具有可行性，将能极大提高入馆读者的使用体验感。

（一）智能门禁系统中人脸识别后台应用流程

人脸识别过程：①图像采集；②人脸识别检测；③人脸关键特征点定位；④图像预处理；⑤人脸区域特征提取比对；⑥辨别确认。设计方案以及实现过程：系统以主控模块、图像采集模块、人脸检测模块、特征提取模块等核心模块实现了人脸识别的门禁功能，整个系统具有较强的可移植性和较高兼容性。

用户进出图书馆时，在门禁闸机前的摄像头开始图像采集并且识别定位人脸特征，图像信息上传到系统后台服务器进行预处理和特征提前比对，匹配身份信息后，门禁闸机自动打开，同时系统记录下人像和进出时间。记录下的信息，同时区别读者用户和图书馆工

---

① 人脸识别是基于人的脸部特征信息进行身份识别的一种生物识别技术。人脸识别利用摄像机或摄像头采集含有人脸的图像或视频流，并自动在图像中检测和跟踪人脸，进而对检测到的人脸图像进行一系列的相关应用操作。技术上包括图像采集、特征定位、身份的确认和查找等。

作人员用户的不同身份，后台服务器生成可供查询的统计报表，一方面供图书馆对读者利用图书馆资源的行为习惯进行分析，另一方面可作为馆员考勤统计，为图书馆智能化信息服务打下良好的基础。未来还能够和其他智能设备形成系统，带来更加广泛的应用。

（二）智能化门禁系统中人脸识别功能体现

图书馆智能门禁系统的人脸识别功能主要由人脸识别终端设备、门禁控制器和门禁系统后台服务器等部分构成。图书馆智能门禁系统的人脸识别功能，需要实现图像采集和人脸检测功能，硬件上需要加装具有图像采集和人脸检测功能的摄像头。摄像头的安装位置要注意高度适中，采用高分辨率红外、RGB双摄像头实现3D动态双摄防伪，夜间红外、RGB双补光提高数据采集精确度。综合考虑质量和性价比选择相机，相机获取图像后进行降噪、图像增强等预处理。

在实际应用中，人脸图像信息受摄像头的拍摄环境影响，其精确度还是会有所降低，会直接影响人脸识别的准确度。所以，需要对采集的原始人脸图像信息进行预处理。常见的人脸图像预处理包括降噪、像素统一化、亮度灰度调节等过程。通过相应的运算操作，以及利用均值滤波等技术手段，达到较好的效果。

人脸识别门禁系统后台管理中心安装的设备包括门禁信息数据库服务器、通信网络和远程后台计算机组等。经过升级改造后，可实现以下功能：

第一，服务器后台计算机组需要对采集的原始人脸图像进行预处理，改善画面质量，提高识别人脸信息的准确度。其主要方式包括几何矫正、滤波处理和直方图均衡化三种预处理方式。

第二，改善图像质量，从而提高识别信息的准确率，最终根据像素梯度生成人脸特征图像。我们采用均值滤波模式进行图像预处理，预处理后需要应用图像的识别算法进行特征提取，通常使用基于视频流的动态人脸监测和跟踪识别3D算法作为主要的图像识别算法。完成人脸识别操作后和人脸数据库中的特征数据进行决策比对。

第三，比对门禁信息数据库服务器的数据，向运行依托于校园网通信网络的服务器输出读者身份信息。动态高性能嵌入式平台支持多种硬件接口，支持海量人脸数据信息和识别记录。读者进馆识别完成后，门禁闸机打开允许通过，并记录读者各项信息记录，无须人工干预的校验模式切换，全过程都由系统自动完成，响应速度一般可达1秒/人。

（三）智能化门禁系统中人脸识别应用的注意事项

第一，识别技术需要升级，人脸特征识别技术结合虹膜识别技术可以提高门禁系统的安全性和准确性，虹膜扫描是目前最安全的生物验证手段，技术逻辑是通过多种技术的结合去检测目标对象是否活体本人。

第二,存放读者人脸信息数据的数据库有必要加强安全管控,建立完善的制度,严格把控管理员的级别权限,服务器提高硬件网络安全配置,提高识别阈值等。

总之,在人脸识别技术日益成熟的今天,其可靠性和准确性都已经很高,很有必要应用到图书馆的人工智能化管理中。实现图书馆智能化创新管理,促进智能化服务功能升级,简化读者利用图书馆资源的流程。在图书馆智能管理应用中,在保证数据信息安全性的前提下,提出最佳的解决方案,智能门禁系统的人脸识别功能将给图书馆的现代化建设带来新发展。

第三章　图书馆智能化管理的技术运用

第一节　图书馆智能化管理的资源共享平台

图书馆智能化管理需要积极主动地收集、整理、开发、传播知识来为读者提供丰富的知识资源，充分并快速地满足读者对知识的需求，已成为新时期图书馆加强服务功能、提高服务水平、追求高效优质服务效果的最高目标。"图书馆资源共享秉持共享发展的理念，以人民享有发展成果为宗旨，在实践中不断更新和深化服务，不仅充分发挥了图书馆资源的效用，满足了读者的需求，同时也为弘扬社会主义核心价值观做出了贡献。"[①] 资源共享应建立在共建的基础上，每个图书馆都应从全局出发，无论规模大小，都要成为文献的"输出馆"，都要根据协议与承诺，承担有计划地进行特色数字化建设的任务并向共享网络提供自己的储藏资源，都有分担建设和运行管理各项费用的义务，都拥有共享网络中各种资源的权利。

图书馆观念更新，是资源优化实现的对策，合理利用共同体，是资源共享发展的方向。在网络环境下，图书馆的资源建设要合理化，既要满足广大师生以及一般读者文献信息的需要，又要适应网络化的发展，考虑文献资源共享的需要，还要考虑针对学校、学科、学员对网络资源的需要。只有全面考虑，合理配置，才能满足读者对资源共享的最大信息需求。

一、图书馆智能资源共享平台构建的必要性

图书馆作为重要的科研阵地、专业信息聚集地，需要在满足用户需求的基础上，更好地管理和分配资源，实现更高效的信息传递和知识共享，提升图书馆的整体服务水平。因此，图书馆智能资源共享平台的建设势在必行。

（一）资源共建共享意识

图书馆智能资源共享平台建设，应该与图书馆整体发展规划结合起来，根据图书馆人

[①]王岩玮.基于高质量发展理念的图书馆资源共享层次性分析［J］.图书馆，2021（04）：14.

才、资金与设备基本情况，通过与其他机构合作，实现资源的共建共享。不同图书馆应该具有统一的发展规划，从全局出发合理利用资源，避免重复建设与资源浪费。图书馆领导层应强化共享共建意识，采用开放式网络实现信息传递共享，通过制定合理的资源存储与管理体制，节省资源建设成本，让单个图书馆成为图书馆系统的一个分支。

（二）保障与满足公众的获取信息需求

图书馆是专业资源的聚集地，从宏观角度来看，图书馆服务社会职能最有效、最直接的方式就是将各图书馆的文献资源进行有效的整合，并在平台上进行充分揭示。因此，图书馆智能资源共享平台的建立不仅可以为公众提供获取专业信息途径，消除信息鸿沟，还可以实现区域范围内的专业资源共享。

图书馆利用开放式网络传播信息，摆脱了时空的限制，成为具有较大规模的信息共享窗口，用户只要轻点鼠标就可以获得更加智能、广泛、便捷的服务。图书馆智能资源共享平台建设，也应该获得现代高科技的支持，不断完善服务器、通信线路等信息基础设施，为用户提供高性能的服务环境，为图书馆的智能化服务奠定基础。加快图书馆数字化资源建设进程，借助既有资源优势开发特色数据库，通过馆际合作与文化交流，获得更多有价值的信息。此外，图书馆界有必要建立标准化资源利用格式，改变信息利用的无序状态，促进横向交流与合作，方便图书馆将传统文献整合为数字化信息仓储。

（三）完善资源结构，实现资源共享

我国是按照地域划分的行政区，各区域无论是经济还是文化都具有其独特的显著特征，因此将一定区域内各馆分散、相对独立的资源按照一定标准进行规范整合到统一的数字化检索平台，不仅可以为各馆文献资源建设提供指导方向，还能进一步对区域内文献资源进行统筹规划，扩大共享范围，使有限的经济投入充分体现其社会价值。

对资源进行深度挖掘与聚合，是建设资源共享平台的基础。由于不同图书馆、不同数据库的信息模式多样，为保障图书馆的服务特色，不仅需要做好资源整合工作，也需要对这些资源进行系统分类，筛选与挖掘其中的特色资源，实现馆藏建设与资源开发的互补。在资源收集完毕后，图书馆可根据用户资源需求、学科门类、专业领域等，对这些资源进行科学分类与深层次分析，并构建合理的资源描述模型。此后借助资源描述模型，对这些资源的内容、种类与内涵进行研究，进一步实现语义标注，方便后续的数字化处理。对于使用价值较高的信息，可以从中提取出来纳入特色数据库中，为完善特色资源服务体系提供保障。

二、图书馆智能资源共享平台的构建

图书馆智能资源共享平台的建设，需要在结合图书馆实际的基础上，依据数据链接标准与用户信息需求，对不同的功能模块进行差异化设计，保障不同系统、不同机构的相互连通，为用户提供优质的特色信息服务。

（一）图书馆智能资源共享平台的整体构思

由于不同机构拥有不同的资源处理方式，在信息传递方面不可避免地存在冲突，为了提供更多用户访问接口，图书馆在资源共享平台建设方面，应该从用户角度考虑，通过构造全局模式消除差异，提高馆藏资源利用率。

共享平台要提供异构资源的统一检索界面，形成以元数据为核心的特色资源共享体系，方便用户借助平台访问与发现信息，并通过异构节点系统实现信息检索，而图书馆员也可以借助该平台，对资源进行动态监测，并制定合理的资源访问策略。因此，图书馆可以在平台下设置资源描述层、数据控制层等模块，并融合自建数据库、联机编目系统、元数据管理系统等功能模块。用户通过平台上传信息检索需求后，由资源描述层进行分析处理，并传递至数据控制层。然后数据控制层通过信息查询命令，从相应的数据库中获取检索结果，并反馈至客户端浏览器，供用户确认、浏览与利用。

（二）图书馆智能资源共享平台的集中式数据管理系统

图书馆智能资源共享平台的稳定运行，离不开高效、完善、稳定的数据管理系统。该系统的建设是根据平台功能要求，结合平台基本构思，对信息基础设施进行合理配置，重新安装软硬件设备，保障数据的快捷传递，保障信息数据的安全性，提升平台响应速度。

为实现不同数据库之间的资源汇聚与共享，提升共享平台的数据交换、协调、共享能力，可以设置多个主存储器，利用光纤连接互联网中心，提高内外网之间资源的传输速度，提升平台的服务性能。对各类本地数据进行集中式存储，采用双机备份技术，避免操作不当或系统故障导致的数据丢失，保障能够迅速恢复数据，实现对不同设备基本配置操作的动态监控，做好数据管理系统维护工作，为平台的稳定运作提供支持。

（三）图书馆智能资源共享平台体系的结构

图书馆对共享平台的建设，涉及异构数据库互操作、统一检索界面设计等多个环节，为实现异构资源的有效融合，可加强与不同机构的协作，在兼顾不同数据库差异性的基础上，构建混合式体系架构。这种体系架构保留了不同图书馆的特色，方便不同成员馆之间的信息传递，具有统一的数据检索标准，方便异构元数据的采集分析，降低了特色资源获取成本，适用于图书馆联盟或大范围数据检索中。由于开放式网络环境下，不同成员馆的资源不断增多，要求共享平台具备较强的兼容、扩展性，可利用可植入软件或新程序，方便为平台补充新资源，为用户提供更优质的服务。

三、图书馆智能资源共享平台的完善措施

（一）加强资源整合，创新服务手段

为了保障文献资源共享平台的有效运行，要加大管理力度，成立专门的管理组织，负责督促各图书馆上传馆藏目录并按一定时间定期更新馆藏目录，以确保平台文献资源的完整性和时效性，进而促进"开放、共享、融合"服务体系的形成。

在加强图书馆智能化管理文献纸质资源整合的同时，还要加强多种形式文献资源的整合，如特色自建数据资源、优秀的 MOOC 等资源。同时，充分有效利用平台资源，以用户信息需求为中心，深度挖掘服务内容，创新信息服务方式，为行业企业与高校科研成果提供对接平台，积极开展产学研合作，加快科技成果转化与产业化，为地区经济发展做出贡献。图书馆智能化管理文献资源共享平台应建成集专业化、特色化于一体，突显地方特色的文献资源共享平台，最大化发挥文献资源的知识价值，服务于地方经济、文化发展和社会进步。

（二）优化资源配置，科学统筹规划

目前，高等教育变革、科学技术创新、开放融合协作式学习理念盛行，文献资源共享平台的建设不仅仅要满足当前的文献信息服务需求，更要把握时代变革的环境，夯实文献资源基础，通过优化文献资源配置，关注文化服务发展趋势，充分考虑用户信息需求的专业化、多元化、个性化，利用有限的资源为用户提供无限的服务，同时从平台建设的长期规划和可持续发展战略角度出发，时刻做好适应时代变革的升级和转型。

建立健全平台制度政策保障体系，实现对平台的统一管理，建立长效管理机制，坚持以地方文化战略需求为导向，以文献资源开放、共享、融合为主要目标，有效打破文献资源访问、获取壁垒，避免文献资源的重复建设，形成有效的资源共享共用机制，将文献资源共享平台建成地方公共文化服务体系的重要组成部分。

（三）争取资金投入，提供可持续发展保障

在当今数字时代，平台资源建设向规模化发展，对数字资源的保存与管理系统提出了

更高的要求，尤其是对于自建数据库和特色资源的存储和管理更是需求管理系统的更新和升级，资源可视化技术、数据管理系统、知识发现及深层知识分析工具的引进都需要足够的资金支持，因此文献资源共享平台要认清自身发展的定位及用户的实际需求，合理规划经费，保障基础设施的引进与建设，尽可能地争取多方资金，为共享平台构建及可持续发展提供强有力的经济保障。

（四）采取多样化宣传手段，扩大文献共享范围

共享平台在进行传统宣传的同时，还要适应时代发展不断创新宣传手段，开辟网络宣传渠道，将线下和线上宣传进行有机地结合。手机营销以手机为视听终端，互联网为平台，以个性化信息传播为媒介，以分众为目标。积极开发手机App，将手机宣传与微信、微博等社交媒体宣传充分结合起来，提高文献资源共享平台的知名度，扩大文献资源共享范围。

总之，时代的进步、移动技术的发展，文献资源共享平台的建设既是地方图书馆谋求发展的必然选择，也是地方现代公共文化服务体系构建的必然要求。因此，我们要勇于面对、解决问题，在借鉴国内外优秀文献资源共享平台成功经验的同时，充分调研本区域经济、文化等个性化用户信息需求的方向，凭借优质的文献资源体系建成具有地方经济、文化特色的图书馆智能化管理文献资源共享平台。

第二节　基于物联网的图书馆智能化管理

一、物联网的特征与发展趋势

物联网技术起源于传媒领域，是信息科技产业的第三次革命。物联网是指通过信息传感设备，按约定的协议，将任何物体与网络相连接，物体通过信息传播媒介进行信息交换和通信，以实现智能化识别、定位、跟踪、监管等功能。

（一）物联网的特征

物联网是人类信息技术领域发展中的主要成果之一，其拥有着巨大的社会价值和产业价值。物联网具有以下四种特征：

第一，连通性。连通性是物联网的本质特征之一。物联网的"连通性"体现在时间、地点、物体这三个维度上。

第二，技术性。物联网是信息技术不断发展的产物，覆盖了通信技术、未来计算两大技术，智能嵌入技术、无线射频技术、纳米技术、传感技术等，在物联网发展过程中扮演着至关重要的作用。

第三，智能性。物联网把世界中的万事万物以智能化的传感方式进行连接，将物质生活进行网络化、数字化处理。物联网可以对人类的生活环境进行智能感知，尽可能地观察、利用人们身边的各种资源，以便人们做出正确的决定。

第四，嵌入性。物联网包含两个层面的嵌入性：①人们生活的环境被嵌入了各种事物；②人们的生活和工作被嵌入各种与物联网有关的网络服务。

总之，物联网借助各种技术与机器可以实现全面感知，方便展示各种物品的动态特征，进而借助互联网将感知到的各种信息及时、准确地传输出去。

（二）物联网的发展趋势

1. 场景的多样化趋势

物联网通常会连接各种复杂多样的场景，其终端景象存在功能复杂、大小不一、分布广以及数量多等特点。按照不同的传输速率，可以将物联网分为智能停车、智能路灯以及智能抄表等低速业务的应用场景，还包括视频监控、远程医疗以及自动驾驶等高速业务。基于如此繁杂的物联网应用场景，使得当前使用的通信类型也同样复杂。

按照不同的传输距离，可以将无线物联网传输场景分为广域网、局域网以及近场通信等，其中，5G是广域网中最具代表性的技术标准之一。物联网能够实现远距离低功耗的无线传输，多在低速和超低速场合中进行应用。而4G与5G从本质上讲属于远距离高速传输，通常被广泛应用于自动驾驶、远程医疗以及视频监控等高速实时性场景。

2. 物联网产业链相互推动

物联网从属于互联网的进一步延伸技术，其基于社会通信的需求之上，更注重物与物、人与物之间的实时交互。其中，物联网的产业链包括：

（1）应用层。存储器、芯片等元器件共同组成了无线模组，其利用标准接口来对终端实现定位或者通信功能，属于网络层和感知层之间连接的关键所在。成熟的物联网产业链和成本价格低廉的上游材料，共同促进了通信模组的完善和应用。

（2）平台层。平台层在物联网中起着承上启下的作用，其除了具备管理底层的终端功能以外，还进一步为上层应用提供了孵化土壤。

（3）传输层。传输层是基于责任处理机制过渡到感知层来进行信号的获取，其主要分为无线传输与有线传输两种方式，主要以无线传输为主。

（4）感知层。感知层作为物联网的基础数据，其主要是利用传感器来对模拟信号进行获取，然后将其进行数字信号的转换，最终通过传输层向应用层传输。

3. 人工智能与物联网深度融合

人工智能与物联网技术是两个相辅相成的技术领域，人工智能可以直接对空白数据进行分析、收集与填补。同时还能够对视频分析、图像处理进行升级读取，更好地创造出具有应用市场的商机和前景。

5G技术的发展已经逐渐演变为物联网的助推剂，其具备超高传输率，可以在很大程度上提高其相关使用价值。特别是现阶段人机交互的设备和数据在不断增强，各个领域的设备都与物联网进行连接，便于后续工作的开展，而随着5G技术的广泛推行与应用，将会为越来越多的行业打开流量的大门。

此外，人工智能与物联网融合的过程中，还要特别注重网络安全。伴随着各项重要数据以及网络连接点数量的不断增加，需要投入大量精力和资源对其安全问题进行深入研究，促使物联网技术的发展应用朝着网络加密方向延伸，全方位保障数据的安全性。

二、图书馆智能化管理中的物联网技术应用

（一）图书文献智能化管理

图书馆智能化管理要想提高图书馆效率，减少资源浪费，就必须积极改变，有效运用物联网技术以及移动通信技术，从而实现现代化、智能化的服务，把图书馆的业务重心落在信息挖掘以及导航上，进而实现人力资源的合理化使用，有效降低人力资源成本，提升技术应用效率。

1. 典藏管理智能化

图书馆利用物联网技术，可以轻松完成藏书清点工作。图书盘点系统以图书标签为流通管理介质，以单面单联书架的一层作为基本的管理单元，通过架标与层标，构筑基于数字化的智能图书馆环境，从而完成图书馆新书入藏、架位变更、层位变更、图书剔除和文献清点等工作，实现典藏的图形化、精确化、实时化和高效率。

2. 自助借还

读者借助自助借还书系统和智能化流动图书设备，实现图书借阅、归还的自助式操作。读者只须将自己的借书证和需借阅的图书放在借阅设备的感应区上，通过与图书馆自动化借阅系统连接，确认后即完成借阅，并在屏幕上显示确认完成的信息，打印读者借阅清单，同时解除电子标签的安全侦测位元，图书就能顺利通过检测门了。整个过程方便、

快捷，非常人性化，不仅方便了读者，又减轻了工作人员的劳动强度，提高了工作效率。同时，图书馆还可以借助"24小时自助图书馆"，提供全天候服务，延长服务时间，将借还书设备安装到社区、商场等人员密集区域，充分扩展图书馆服务的空间领域，为大众提供最为便捷的服务，将图书馆的公共服务职能发挥到极致。

3. 图书定位

图书定位的机理是书架上的RFID读写器获取到该架上所有图书的标识信息，上传到数据库服务器，当读者检索到相关图书，即可根据图书标识获知图书的地理存放位置。物联网技术与图书馆自动化管理系统相结合，可实现文献定位导航，通过终端计算机直观自助地查找到文献的物理存放信息，读者可以借助导向地图迅速找到所需图书，使图书检索简单、快捷、明了。图书馆可以结合物联网技术通过手机定位图书，首先利用手机通过网络访问图书馆联机公共目录查询系统，再由图书馆联机公共目录查询系统向图书定位系统发起图书定位请求，图书定位系统结合联机公共目录查询系统来定位图书，并把定位后的空间信息转为地理位置信息，以图形化的方式通过手机反馈给读者，清楚地揭示读者所需图书所在位置的区域，使读者快速地获取所需图书。

（二）终端新型智能化图书馆构建

实现信息学习与整理的需求，图书馆智能化管理工作人员可以使用这样的方式，从而对图书馆各项事务进行有效性管理以及维护，实现图书馆的智能化管理和无人化管理。如图书馆则可以利用身份认证等手段对图书馆资源进行分层次管理，从而完成多元化的统筹分析，使师生以及有阅读和查阅需求的读者能够科学地完成查询、借阅以及归还服务。图书馆一旦到了新书或者举办各类活动，也可以对有需求的人群进行针对性的管理，从而进行精准服务和精准营销。

随着物联网技术的不断革新与发展，未来图书馆无论是管理还是服务都会朝着更加智能化、更加科学化的方向发展。因此，我们作为当代图书馆工作者一定要能够与时俱进，不断打破自身思维上的桎梏，从而在不断学习和研究中，科学提升自己的思维方式和综合能力，进而为图书馆工作现代化发展做出自己的贡献。

（三）图书馆馆际互借管理智能化

由于一所图书馆无法满足所有读者的需求，因此，产生了馆际互借服务，即图书馆之间根据订立的借阅规则，相互借阅图书的服务方式。通过这种方式，可以满足读者的图书需求。馆际互借服务经历了从最传统的人工往来借阅到网络化系统借阅，成为图书馆为教学科研提供文献保障的"最后一公里"。随着全民阅读理念的提出，纸质图书重新回到了人们的视野之中，馆际互借服务数量不断增长，在满足读者需求的同时，也给图书馆带来了较大的压力。

馆际互借管理实现智能化，对于提升馆际互借服务效率和水平将具有很大的推动作用，并显现出巨大的成效。

第一，优化馆际互借环境和提高服务效率。良好的馆际互借环境是馆际互借服务顺利开展的基础和保障。馆际互借环境由传统向智能化转变，原有的人工操作被智能化的设备取代，节省了大量的时间，提高了服务效率。馆员从简单、重复、烦琐的服务中解脱出来，将工作重心转入服务数据的统计、分析和管理中，使馆际互借服务呈现出良性的生态运行环境。

第二，建立了"人机交互"的泛在服务模式。"物联网技术+智能化设备"在馆际互借服务中的应用，使馆际互借实现了"人机交互"的服务模式。读者无须再等待图书馆员电话通知，而是可以24小时随时自助取书，由"被动"的等待服务到"主动"的体验服务，增强了服务的灵活性、人性化和个性化。这种服务模式既具有传统的服务功能，又具有智能化的特征，实现了真正意义上的无人值守的智能化服务和管理，实现了7×24小时的泛在服务。

第三，促进馆际互借服务的发展。当前，在大力倡导全民阅读的背景下，人们越来越热衷于读书。馆际互借服务在馆藏图书的补充和最大限度地满足读者需求方面发挥了重要作用。实现智能化服务模式以后，馆际互借的压力得到了很大程度的缓解，因此，图书馆可以大力推广馆际互借服务，使其规模无限扩大，最大限度地满足读者对图书的需求。

第三节 RFID技术与图书馆智能化管理

一、RFID技术及其应用

RFID技术，一方面与条码技术有类似之处，均是使用专用的读写器将数据信号进行传输和扫描识别；另一方面RFID技术的独特性在于它通过无线电信号来识别特定目标的同时对相关数据进行读写，突破了识别系统必须与特定目标之间具有机械或光学接触的限制。这种非接触识别，不仅适用于只读工作模式也能用于读写工作模式，即便是在有污渍及遮挡物等恶劣环境下，也能实现无接触性的数据信号准确识别和高度集成。

RFID技术具有极高的防侵入、防干扰及防篡改性能，因此适用的范围非常广，诸如物流快递配送、交通运输管理、工业生产流水线、门禁管理系统、食品和药品安全溯源、图书借还等，尤其适用于自动化控制领域。RFID 技术与条形码技术相比，不仅具有条码功能，还因其非接触式读取信息的特点，有着条码无法实现的新功能。

（一）RFID 技术与条形码技术的对比

与传统的识别技术不同，射频识别技术解决了无源和免接触两大问题，同时可实现运动目标识别、多目标识别，因此被广泛地应用于物流系统、零售行业、身份识别、交通管理、农牧行业和医药行业等许多领域，成为 21 世纪最热门的技术之一。它是将一个极小的 IC 芯片贴在商品上，然后利用射频技术将 IC 内储存之辨识资料传递至系统端作为追踪、统计、查核、结账、存货、控制等用途。射频识别系统主要包括射频标签（TAG）、阅读器（READER）和管理系统（计算机）三部分。射频标签和阅读器之间通过无线电波或微波来实现非接触式通信。其中，射频标签与阅读器之间通过耦合元件（射频天线）来实现射频信号的空间耦合。在耦合通道内，根据时序关系，实现能量的传递和数据的交换。

从 20 世纪 70 年代至今，条形码技术在各行各业得到了广泛应用，尤其是在零售业、物流业、图书馆等行业。条形码或条码是由一组宽度不等的黑条和空白条组成的，这些条码按照一定的编码规则进行排列，从而用来传递特定信息的一种图形标识符。条形码能够用扫描枪等设备进行数据读取，并通过计算机把二进制或十进制信息转换成物品信息，每一个物品所对应的条形码都是唯一的。条形码可以标识出生产厂家、商品价格、生产日期、图书分类号等很多的物品信息，在商品流通、图书馆智能化管理、邮政服务、物流运输、工业生产过程控制、交通等很多行业得到了广泛使用。条形码是到目前为止最便宜、最实用的一种自动识别技术，具有输入速度快、可靠性强、采集信息量大和成本低廉等优点。

目前，条形码技术和 RFID 技术各自在市场上占有一定份额，两者凭借不同的优势发挥着不同的作用。

1. RFID 与条形码技术的工作原理对比

从技术的角度，传统条形码技术主要利用光电效应来反射信号从而获取数据，属于一种光学识别技术。而 RFID 则是通过发射无线电波来获取数据。因此，RFID 的工作原理要比条形码技术更加复杂，这也导致二者的工作方式与工作性能存在较大差异。

2. RFID 与条形码技术的功能特性对比

由于两者具有不同的工作原理，条形码和 RFID 技术在识别能力、使用环境、处理能力等许多方面存在差异性。

（1）识别能力。识别能力主要表现在识读距离远近和识别速度快慢等各项参数。由于工作原理不同，RFID 技术相比较条形码技术的识别能力具有明显优势。条形码识别距离只有几厘米，而 RFID 标签的识别距离最多可以达到几千米。条形码在识别过程中需要人工来扫描标签，并且扫描枪和标签需要在一条直线；而 RFID 标签可以实现自动扫描，无须人工参与，并且对识别方向没有限制，不需要将识别目标进行定位。条形码扫描一次最多只能扫描一个标签，而 RFID 标签可以实现多标签同时扫描，扫描效率是条形码的几倍。条形码大多打印在纸上，可以被人为复制或损坏，而 RFID 标签大多用金属制品来制成，可以存储很多数据，并具有一定的抗干扰能力和保密功能。

（2）适用环境。条形码主要是纸质打印出来的，容易被水浸湿、被化学物质腐蚀，对工作环境要求比较高。RFID 标签外面一般包着塑料或金属等材质，被损坏的概率很小，可以在比较恶劣的环境中工作，工作适用的范围更加广泛。

（3）信息处理能力。信息处理能力主要体现在携带信息的容量和信息安全等方面。条形码技术携带信息的容量有限，通常为几十字节。而 RFID 标签存储的信息最多可达几千字节；此外，RFID 可以设置密码来保护信息安全。因此在数据存储及自动化方面，RFID 技术相对于条形码技术有显著优势，信息总的处理能力要强于条形码。

由于工作原理不同，RFID 相比较于条形码技术在各方面都有极大优势，使得它可以快速扫描数据、适用环境更加广泛、可重复使用、存储信息多和安全保密性好等优点。因此，RFID 技术必将持续发展，性价比和性能将不断提高，应用 RFID 技术的行业将更加广泛，从而逐步替代条形码技术。

（二）RFID 在国内图书馆中的应用现状

在图书馆管理中，RFID 技术具备读取快捷简便、简化借还图书操作流程、清点馆藏速度快、书刊整架归位效率高、能为读者提供自助式服务、抗污染能力强、可重复使用、具有穿透性、防盗系统可靠等优势。

RFID 技术所具备的独特优势使其在高校图书馆领域有着非常广阔的应用前景。在国内众多高校纷纷采用这一技术所展示的良好前景下，东北大学图书馆借鉴本校"985"公共服务平台的最新成果于 2011 年 12 月 30 日正式启用了 RFID 自动借书系统，紧跟图书馆智能化管理的前沿。

（三）RFID 技术应用的注意事项

第一，RFID 技术标准问题。由于 RFID 标准不统一，各个厂家推出的 RFID 产品互不兼容。图书馆 RFID 标准化问题是阻碍 RFID 技术在图书馆中普及的重要瓶颈之一。

第二，RFID 标签的特性充分利用问题。虽然 RFID 标签具有可反复读写的特性，但为了避免误操作和恶意修改，一些关键字段须在 RFID 编目完成写标签操作后加锁，以增强数据安全性。这使得 RFID 可反复使用的优点无法被充分利用。尤其对一些条码与 RFID 标签并存的馆，一旦标签内的条码号写错该标签即废掉。

第三，设备干扰对安全门灵敏性的影响。由于 RFID 技术是利用射频信号通过空间耦合来传递信息，在安全门、自助借还书机及 RFID 读写装置附近，应避免各种干扰源，否则会导致通信距离下降。

第四，使用自助借还后，图书损坏情况无法及时控制。使用自助系统后，工作人员不在第一时间与还回书籍接触，很难判断书籍损坏是哪个读者所为。

总之，RFID 技术在图书馆中的应用已成为未来图书馆的发展趋势，接下来图书馆的任务就是引进 RFID 技术，解决 RFID 技术标准、标签特性利用、图书损坏控制、设备干扰等问题，才能更好地推广和应用 RFID 技术，提高图书管理效率和服务质量。随着 RFID 技术的发展和创新，我们相信，RFID 在图书馆应用中的问题和难题也将逐步得到解决，智能 RFID 图书馆管理系统也将真正走进图书馆。

二、图书馆智能化管理中 RFID 技术应用

RFID 技术良好的数据信息识别功能是构建智能图书馆智能化管理系统的关键。该设计中的图书馆智能化管理系统主要包括系统服务器、图书盘点和制作工作站、柜台工作站，自助还书箱和借还书机，以及电子侦测门。而智能图书馆的管理系统功能由各种应用软件来实现，所构成的应用系统包括流通标签转换系统、图书馆智能化管理员工作平台、读者自助借还书系统、查询、顺架和图书盘点系统等。

第一，系统服务器。系统服务器主要负责图书盘点统计、图书馆信息检索和用户账户管理。图书馆智能化管理员可以通过系统提供的库存图书统计表进行盘点和图书清理。管理员通过系统对库藏图书的原始信息、借阅和归还信息等进行查询，阅读者也可以通过检索系统按需查找所需的图书馆信息，包括图书的库存位置、是否可借等，还可以查询相关管理设备的运行状态。账号管理方面，通过管理系统账户信息数据库，可以对读者账户身份进行辨别，对读者账户使用状态进行监测。

第二，电子侦测门。电子侦测门一般有单通道或多通道，它主要通过监测图书的数据标签对进出图书馆的人员进行侦测，防止图书未经规范手续而流出。监测系统配有信号触发接点，未办理借阅手续的书籍在读者进出门禁时没有电子标签安全码，当被监测器检测到时，门禁随之限制通行并发出警示。

第三，柜台（前台）工作站。柜台工作支持图书借还、借阅时间续期等操作，在该模块上还可以进行标签安全码的设置、变换和解除等操作。此外，如果图书馆智能化管理系统支持离线作业，则该工作站也能够离线工作。

第四，自助借还书机。为保证图书服务系统的持续工作，系统设计时多采用高性能主机，同时配备热感应打印机，为用户打印图书借还单据。图书标签被系统自主扫描识别，便于读者一次借还多本书籍，从而提高借还效率。

第五，盘点工作站。盘点工作站采用独特的手持式 RFID 读写器及手持插入式天线盒来扫描书籍，只须在书架的书籍间隙处插入手持式天线就可以获得准确的图书馆信息，可以极大地提升图书盘点工作效率和准确度。同时将终端设备系统接入图书馆智能化管理系统，便于管理员随时查看库藏图书信息，及时进行图书盘点。

第六，制作工作站。工作站设有专用的制作人员账户并赋予相关操作权限，能够随时查看书籍的制作时间、进程等信息，避免因重复工作而浪费时间。工作站支持书籍电子标签的批量制作，系统授权下支持多次修改标签内容，图书名称、条形码、馆号及借还信息等标签采用安全编码进行写入，防止对标签内容的随意篡改。可根据图书制作人员的使用习惯对制作接口进行合理调整，工作站可与多类系统硬件及操作系统相配套使用。

总之，图书馆智能化管理可以满足不同读者的个性化需求，智能化的主要业务是图书自动借还及管理服务，图书馆智能管理系统以 RFID 技术为核心支持，不仅可以为读者的借还书带来巨大便利，还能提升图书馆智能化管理员的工作效率，这也是未来图书馆的发展趋势。

第四节　机器人在图书馆智能化管理中的应用

机器人是一种能够半自主或全自主工作的智能机器。机器人具有感知、决策、执行等基本特征，可以辅助甚至替代人类完成危险、繁重、复杂的工作，提高工作效率与质量、服务人类生活、扩大或延伸人的活动及能力范围。机器人能够根据工作情况的不同变换作业，并且可以直接对外产生作用，像计算机一样进行数据的计算等。机器人在图书馆智能化管理中的应用如下：

一、多通路的智慧咨询服务

图书馆参考咨询工作是为读者开展的一项重要服务，图书馆的服务方式从面对面咨询发展到电子电话、邮件、在线表单咨询，开设咨询台、学科馆员、咨询智能机器人 App，利用社交软件建立咨询群，引入服务机器人创新咨询，提高了咨询服务质量。

在图书馆中借助智能机器人App和智能服务机器人等智能媒体把双向传播的咨询变得方便有效。智能机器人App是根据读者用自然语言描述的问题，应用程序检索常见问题解答数据库，返回给读者若干个与咨询问题相匹配的答案。智能服务机器人依靠语音交互和人脸识别协助读者办理业务和导航服务，能提升客户的体验感。当读者不能从智能机器人App或服务机器人获得满意的服务时，需要两者及时提供"人工咨询"接口，接转后台人工座席服务完成咨询。为节约人工成本，可把后台人工座席服务和前台人工现场服务融为一体，这样人工客服介入远程控制，形成"App+机器人+人工"的多通路的图书馆咨询创新服务体系。

二、开架流通书库的协同服务

移动机器人协同搬运是机器人系统的典型应用，在专业场合中具有很强的应用价值。图书馆采用移动搬运机器人搭载各种检测仪器巡检书库，在运维系统管理下智能控制空调、照明、新风、隔音系统运行，合理安排智能清洁消毒机器人对书库地面玻璃、水渍、垃圾、灰尘等识别清理，营造绿色、整洁、安全的借阅环境。图书馆员可以在传统书架结构和布局基础上引入多种移动搬运机器人协同工作，选择性搭载顶升模块、牵引模块或滚筒线模块，完成图书搬运，降低馆员体力劳动强度。

移动搬运机器人能配合读者借阅图书。在开架书库中通过视音频实时接受来自现场馆员、外界师生的借阅指导，把即将借阅的图书放入移动搬运机器人，完成一次轻松愉悦准确的借阅体验，同时也降低了馆员在书库的巡检频度。

引入智能图书馆专用机器人，能进一步降低馆员的劳动强度。在图书馆系统建设符合智能化机器人的自动导航基础设施，引入排架机器人、巡架机器人、借阅引导机器人等，能形成符合图书馆业务生态的专业智能机器人系列。用智能书架替代传统书架，通过书架天线对图书分层、分面扫描，实现图书清点、定位查询、错架归位，让图书馆员轻松上架排架。如果单纯应用智能自动导航系统，也可以形成一类独特的图书馆智能机器人系列。它们被称为纯粹的"识别分类"机器人，可以被应用于馆员现场参与的智能化辅助排架或巡架工作中。

总之，在开架流通书库中，不仅能配置通用的移动机器人，还能配置专用机器人。在使用这些机器人前，可能需要对书库空间、书架改造或更新图书采编。在使用中需要有支撑软件系统协调多个机器人的任务，管理机器人充电和停放，才能提升服务质量。

三、远程呈现的嵌入服务

远程呈现是一种虚拟现实，能够使人实时以远程的方式于某处出场，即虚拟在场，并能够在本地实时感知和操作远程现场。远程呈现机器人是一个集成了视频通信和遥控功能的移动机器人,用户通过视频通信功能与他人通信,并通过遥控功能控制机器人的行走和其他动作,来达到替代人物虚拟出场。远程用户不须到达现场,借助远程呈现机器人代理作为远程自身的化身,全方位实时观察远程现场环境,允许在现场周围走动,与人员、物体交互,越来越多的远程呈现机器人进入商业、护理、服务业市场。

远程呈现机器人走入图书馆,为图书馆嵌入式服务赋予了新内涵。嵌入性源于新经济社会学,指人类经济行为嵌入在具体的不断变化的社会关系结构中。远程呈现机器人作为社会关系建立和连接的纽带,嵌入图书馆服务中,为个人、群体和组织在科研、教学和学习中开辟了广阔的途径,分别形成基于远程呈现机器人的环境嵌入、群体嵌入和组织嵌入。

借助远程呈现机器人、馆员及其他用户能嵌入读者的物理空间,形成环境嵌入。例如,身处开架书库的读者,使用身边远程呈现机器人与馆员或其他专业读者交流,能便捷地找到图书。在图书馆自习的读者,借助远程呈现机器人导引,顺利找到空余座位。当远程呈现机器人伴随大学新生时,远程馆员能开展个性化业务咨询和图书馆浏览。此时,馆员不必离开个人的工作环境,直接嵌入读者的物理空间中,让读者拥有高效便利的服务。

在群体用户或特定场所配置远程呈现机器人,借助于视频协作和现场运动的功能,学科馆员可以操纵远程呈现机器人融入群体活动的情境中,因此学科馆员不仅可来自本校和外校,更有可能来自企业和研究院所等,以此完成信息素养教育、科研支持、专业讲授、技能示范等服务。

远程呈现机器人在图书馆的出现,增加了馆员与读者建立社会网络的途径,增强了图书馆与各种组织机构嵌入社会结构的需求。此时图书馆把外部资源纳入自身的建筑内部体系中,使之成为智力、知识和技术的集散地。让读者的学习、研究和生活与图书馆嵌入式服务深度融合,实现个性化服务。

第五节 基于无线传感器网络的图书馆智能化管理创新

无线传感器网络(Wireless Sensor Network,WSN)是由大量的静止或移动的传感器以自组织和多跳的方式构成的无线网络,以协作地感知、采集、处理和传输网络覆盖地理区域内被感知对象的信息,并对这些数据进行处理,获得详尽而准确的信息,最终传送到需要这些信息的用户。无线传感器网络能感知、采集和处理网络覆盖范围内可感知对象的信息,是新一代的传感器网络,是信息技术的新领域,在工业控制和行业应用领域较为广泛。无线传感器网络是新一代的传感器网络，是信息技术的新领域，在军事和民用领域均有非常广阔的应用前景，其发展和应用将会给人类的生活和生产的各个领域带来深远影响。

一、图书馆智能化管理无线传感器网络结构设计

图书馆智能化管理无线传感器网络是现有互联网的扩展和延伸，构建无线传感器网络+互联网+移动智能计算相结合的大系统，在新的图书馆智能化管理大系统中，需要构建底层无线传感器网络，感知图书、管理人员、环境等信息，实现智能化管理和控制。

构建图书馆智能化管理的无线传感器网络，正是这一系统工程的基础。各层网络的软硬件组成须进行结构化与标准化设计，具备系统开放性等特点，易于扩展，便于系统维护、系统兼容和升级换代，有利于提高可靠性并降低成本。图书馆智能化管理无线传感器网络作为智能图书馆智能化管理系统的基础结构，需要与智能终端与移动计算相结合，提供网络相连接通信的接口，能进行实时透明有效的数据交互。

（一）无线传感器网络结构的架构

图书馆智能化管理物联网一般结构设计分为3层架构：

1. 数据感知采集层

数据感知采集层主要为无线传感器网络节点和RFID集成，主要对图书信息的感知、图书环境的监控、图书及管理人员的定位等，对感知或采集的原始数据进行初步处理并向上一层传输。在数据感知采集层，每一个子网络都是主从簇式结构，并且同时独立地运行，主节点对各从节点进行数据轮询或采取事件触发方式采集数据。馆藏图书的标识及位置信息经过3层网络传输到上层网络的中心主站。无线传感器网络节点与射频识别技术相集成，为了确定每本书的方位信息，每本馆藏图书都内嵌RFID芯片。无线传感器网络节点能对靠近其位置的在感知范围内的RFID芯片进行信息感知和采集，并能确定图书方位。

2. 网关层

网关层主要包括数据中继节点和网关节点，实现对数据的中转传输和协议转换。中继节点与底层的无线传感器网络节点以分簇式网络拓扑架构，中继节点从功能上也相当于分簇簇头节点，负责对簇内节点所感知的数据进行融合并传输到上一层的终端数据库里。网关节点实现无线传感器网络协议与GPRS协议或网络传输协议的转换，使得感知的数据能通过外部网络传输到智能终端。传感器节点之间采用无线通信方式，现有的工作方式和通信协议可直接使用，也可以采用有线方式。

3. 应用层

应用层主要包括智能终端和数据库。应用层主要指管理中心，包括智能终端和数据

库。智能终端可接收来自网关节点发来的预警等信息，数据库存储来自无线传感器网络节点所采集的数据，并提供用户查询。智能终端包括移动手机等，通过网关节点接收发送来的关键数据，并可以发出控制命令做出相应的处理。管理中心连接下层网络的网关。管理中心以查询方式或事件出发方式从各馆室节点收集各阅览室藏书动态位置信息表，并结合图书借阅信息，在管理中心的数据库里生成馆藏图书动态位置信息表，图书实际存放位置的变化在数据库中实时更新。这为图书智能化和精确化管理提供了技术支持。

总之，基于无线传感器网络的图书馆智能化管理创新，介绍了无线传感器网络技术的特征与应用，进行了图书馆智能化管理无线传感器网络结构设计，并分3层对无线传感器网络系统进行阐述。在"互联网+"时代，在图书馆或校园内建立基于无线传感器网络的图书馆智能感知系统，为打造结合互联网、大数据和智能终端的大系统奠定基础，对推进图书馆智能化和精细化管理具有重要意义。

（二）无线传感器网络结构的系统功能设计

1. 数据收集

数据收集层是构建智慧图书馆的基础设施层，无线传感器是收集数据信息的基本单元。它不仅需要采集存储数据，还要负责将采集的数据进行简单处理后通过逐条传输的方式传输给汇聚节点。

在智慧图书馆入口的闸机处地面上安装压力传感器用于感知读者体重，在闸机附近的墙壁或其他装置上安装感光传感器用于感知读者身高。另外，在图书馆中每个书架两侧也都需要部署感光传感器和压力传感器来感知读者信息。读者在图书馆入口处通过刷校园卡的方式进入图书馆，在检测校园卡信息后打开闸门的同时无线传感器需要感知读者身高和体重信息。感知数据被传送给管理监控中心，所感知到的身高和体重信息数据将会和校园卡中的卡号信息一起被写入管理监控中心的数据库。在图书馆内部的书架两侧也同样安装有感光传感器和压力传感器，我们可以通过它们来感知进出某固定书架区域的读者信息，如果感知到的数据在有效范围内就会记录下感知到的具体信息数据：包括读者身高、体重信息，传感器所在的书架序号信息以及此信息被感知的具体时间。同一书架上的传感器如果在同一天的不同时间感知到两次压力和身高都相同的数据，就可以认为同一读者进出此通道一次。这些信息被简单处理后存储在无线传感器的存储器中，等待进入本节点竞争信道后被发送。

2. 数据的无线传输

由于无线传感器节点体积很小，使用电池供电，同一楼层相邻传感器节点之间的距离控制在有效的通信范围内，要求传输的数据量也不大，所以可以通过自组网的形式相互通信。将需要传输的数据通过无线传输方式从一个传感器节点按照目的节点方向依次传递到另一个相邻的传感器节点，最终到达本楼层汇聚节点。

图书馆智能化管理无线传感器网络中各传感器节点采用相同的活跃/睡眠周期交替策略。为了减小能耗，只有当需要传感器节点进行发送或接收数据时，才开启无线通信模块，用于收发数据。当节点不需要收发数据时，则关闭无线通信模块，以减少空闲侦听时间，降低能量消耗。

3. 信息处理和传输

智慧图书馆网络中的信号汇聚节点是传感器节点信息的汇集点，它可以和传感器节点通过功耗比较低的 Zigbee 技术①进行无线通信，组成一个探测单元，完成信号的收集，并可以对收集到的读者数据信号进行预处理，具有信息分发、融合和汇聚等功能。

为保证对数据的有效处理，汇聚节点还需要配置较大容量存储单元以及较高性能的微处理器。每个汇聚节点可以连接多个终端节点，一方面实现数据的就地采集，另一方面也可以较为便利地融合与汇集下层网络收集的数据。

汇聚节点需要先对本楼层的传感器节点收集到的信息进行简单的数据融合，将无效的和可信度较差的冗余数据删除，然后将有效数据通过有线通信系统传递给监控中心。

4. 信息管理及分析

图书馆入口处设置的刷卡装置，可以在读者刷卡时得知读者姓名、年级、专业等信息。图书馆入口处设置的无线传感器可以感知读者的身高和体重信息作为进入图书馆后的读者标识，并和校园卡内信息进行绑定。图书馆内部书架两侧布置的无线传感器所感知到的有效读者身高、体重信息，可以用于计算读者进入和离开此书架的时间，分析读者在每个区域停留时间。

监控中心接收来自各楼层汇聚节点的信息，和读者进入图书馆时所收集的信息进行汇总，就可以感知每天的特定时间段进入图书馆的人数，再对读者的停留时间进行统计，然后对这些数据进行分析，就可以得知哪些区域的哪些书籍比较受哪些人群的欢迎，从而为图书馆采购书籍策略提供参考。也可以根据读者进入特定区域的人数和时间来编排和分配书架和书籍的布局，从而最大化地利用好图书馆的学习空间。

总之，基于无线传感器网络对读者和书籍数据采集，利用得到的数据改进高校智慧图书馆服务，是提高图书馆服务水平的重要途径。

---

①Zigbee 技术是一种应用于短距离和低速率下的无线通信技术，主要用于距离短、功耗低且传输速率不高的各种电子设备之间进行数据传输以及典型的有周期性数据、间歇性数据和低反应时间数据传输的应用。

二、图书馆智能化管理的无线传感器网络创新应用

基于无线传感器网络的智能图书馆智能化管理系统,将在馆藏图书、管理人员、管理中心和管理环境之间建立联系,实现四位一体的智能化管理。图书智能化管理都将依赖于无线传感器网络这一基础架构,实现对所有信息的智能化和精细化管理。

(一)基于无线传感器网络的信息管理

第一,图书馆智能化管理中心与每本馆藏图书之间的实时通信连接。对馆藏图书进行实时感知与监测,其中心任务是获取所有馆藏图书的动态位置信息,在管理中心形成馆藏图书动态位置信息表。馆藏图书动态位置信息表除反映在馆存放图书的实际位置信息之外,还应指明借出图书的去向,即图书的借阅者信息。因此还须结合图书借阅子系统的动态借阅信息,以形成全馆统一的、全息的馆藏图书动态位置信息表。

第二,图书馆智能化管理中心对每本馆藏图书所在的环境进行实时监测。传感器终端节点上集成了射频识别卡和多种类型传感器,实现对馆藏图书所在的环境进行实时监测,包括温湿度与光照。

第三,图书馆智能化管理中心与馆藏管理人员进行组网通信。无线传感器网络终端节点上集成有管理人员上下班指纹考勤信息采集,人员在图书馆位置定位信息等,将这些信息经过数据处理后发送到管理控制中心。管理控制中心也可发送出相应控制命令到终端并执行相应操作,如门禁系统上安装无线传感器网络节点,可判定其人员身份信息从而允许是否进入。

(二)无线传感器网络定位技术与管理创新

无线传感器网络作为一种全新的信息获取和处理技术,在目标跟踪和入侵监测及一些定位相关领域有广泛的应用前景。无线传感器网络可以根据距离、角度、时间或周围锚节点定位相关的数据或信息,基于测距的算法、非测距的算法和新型定位算法进行定位计算。

第一,无线传感器网络节点与图书 RFID 结合进行图书定位。图书馆在每个馆室内部都安置有一定数量的微型集成传感器节点。节点与节点之间通过自组织网络相互通信,并根据相互信息按照一定的算法进行定位,即每个节点的位置已知。每本图书的位置就可以根据植入在书中的 RFID 芯片与最靠近它的无线传感器网络进行通信,节点读取射频卡信息并确定其所在方位。这样避免传统图书馆智能化管理方式上需要把图书置放于指定位置。运用无线传感器网络定位技术后,归还或新上架的图书就可以放在任意一处位置。无

线传感器网络节点读取图书信息并更新数据库中的相应信息，当需要进行借阅时，通过查阅数据库便能找出图书所在的位置。

第二，可对借阅图书进行实时定位和管理。假设有一种情况，图书只能在图书馆里借阅，可以将微型无线传感器网络节点嵌入书中。此时图书便依附于无线传感器网络一个微型终端，在图书馆里的任一位置，都能与其他网络节点进行通信并确定其精确的物理位置。因此，只要通过数据库系统查询，就可以得到该图书的坐标信息。在校园网里实施了物联网—传感网工程后，就可以对图书在校园内任意位置进行定位。

第三，可对图书馆智能化管理人员进行实时定位并为科学管理提供依据。每个图书馆智能化管理人员通过佩戴或可穿戴的无线传感器网络终端节点，根据无线传感器网络室内定位技术，就可以判定其在图书馆的位置。这样对于管理人员是否在岗、离岗等信息能比较全面地掌控。通过数据库生成的数据进行统计，相关指标作为图书馆智能化管理人员工作绩效考评依据。

第四，对图书馆馆内关键设施定位并实时监控，提高管理安全性。对于图书馆重要的图书资料、重要设施设备进行实时无死角全方位监控。基于无线传感器网络室内定位技术，若一旦被监控对象发生了位置移动，通过控制系统，以声音报警、灯光报警和发送短信到移动终端的方式，节点就会产生预警信息。

（三）无线传感器网络与图书馆智能化管理移动计算应用

1. 无线传感器网络与移动智能计算相结合

构建系统的实质是将无线传感器网络与图书馆信息管理系统相结合，通过无线短距离传输通信并与接入图书馆智能化管理信息系统这个局域网，实现在一定空间范围内的数据通信与存储等。基于无线传感器网络的图书馆智能化管理，可与移动智能计算相结合，实现在更大空间、更广时域上的管理。

图书馆智能化管理中最常用的功能都可以集成在一个应用 App 里，智能终端用户下载安装就可以通过网络、无线传感器网络进行身份验证和数据库访问，对相应的各种信息进行检索。

2. 无线传感器网络与数据挖掘相结合

无线传感器网络众多节点必然产生大量的数据，无线传感器网络与数据挖掘相结合，用数据挖掘技术瘦身无线传感器网络所产生的数据，并对所产生的奇异值的准确性进行判断，显得非常必要。例如，在图书馆室内，因抽烟出现火点被光照与二氧化碳传感器感知，这样的数据就是奇异值，是因为客观环境产生还是因为系统出现问题，需要做出科学判断。瘦身后的无线传感器网络感知数据也能减少数据存储量，从而在图书馆智能化管理数据库中更能快速查找目的对象，提高图书信息查找效率。

第六节 智能化OA系统在图书馆智能化管理中的应用

OA系统，即办公自动化系统，是以计算机信息技术为核心，通过现代化的办公设备和办公人员，使部分办公业务活动物化于人以外的各种现代化办公设备中，由人与技术设备构成服务于某种办公业务目的的人—机信息处理系统。智能化OA系统通过将通信技术、网络技术等融合到办公体系中，形成一个数字化处理体系，以实现数据信息的高效率处理。因此，下面探讨智能OA系统在图书馆智能管理中的各种应用。

第一，智能编目和搜索。传统上，图书馆依靠手动编目过程来组织和检索信息。然而，随着智能OA系统的出现，图书馆现在可以使用AI算法自动执行编目和搜索过程。这些系统采用自然语言处理技术从书籍、文章和其他资源中提取元数据，从而实现准确高效的编目。此外，用户还可以受益于高级搜索功能，包括语义搜索和推荐系统，这些功能可根据用户偏好提供相关的个性化结果。

第二，智能资源管理。智能OA系统为图书馆提供了先进的资源管理工具。这些系统可以自动跟踪图书馆资料的可用性、流通和使用模式，使图书馆员能够优化他们的馆藏，并就采购和报废做出明智的决定。通过分析用户行为和反馈，智能OA系统还可以预测特定资源的需求，促进更好的资源分配，减少不必要的成本。

第三，个性化用户体验。智能OA系统使图书馆能够为其顾客提供个性化的用户体验。通过利用人工智能算法，这些系统可以分析用户画像、借阅历史和偏好，以推荐相关资源和服务。这提高了用户的参与度和满意度，因为个人会根据他们的特定兴趣收到量身定制的推荐。此外，智能OA系统可以提供虚拟助手和聊天机器人，让用户实时交互和获得帮助，提升整体用户体验。

第四，增强了可访问性。图书馆努力成为包容性机构，而智能OA系统可以极大地促进提高可访问性。这些系统可以将印刷材料转换成可访问的格式，如为视障人士提供文本到语音的转换。此外，人工智能支持的语言翻译功能使用户能够以他们喜欢的语言访问资源，打破语言障碍并促进包容性。通过采用智能OA系统，图书馆可以确保更广泛的用户可以访问其资源。

第五，数据分析和决策。智能OA系统会生成大量关于图书馆运营、资源使用和用户行为的数据。通过采用数据分析技术，图书馆可以获得对趋势、模式和用户需求的宝贵见解。这些信息可以帮助做出数据驱动的决策,如优化资源分配、识别流行类型或主题,以及根据用户反馈改进服务。数据分析还使图书馆能够衡量他们的表现,评估他们的计划影响力,并不断改进他们的产品。

第六,高效的工作流程自动化。智能 OA 系统可以自动执行日常管理任务,解放图书馆员的时间,让他们专注于更有价值的活动。这些系统可以处理用户注册、流通管理和逾期通知等流程,减少人工工作并最大限度地减少错误。工作流程自动化提高了效率,使图书馆员能够将更多时间用于用户支持、社区参与和扩展图书馆的服务。

总之,智能 OA 系统在图书馆智能化管理中的应用,带来了诸多效益。从自动化编目和搜索流程到提供个性化的用户体验,这些系统优化了资源管理,增强了可访问性,并支持数据驱动的决策制定。随着人工智能和数据分析的不断进步,智能 OA 系统将在图书馆管理的未来发挥越来越重要的作用。采用这些技术可以将图书馆转变为更高效、用户友好和更具包容性的机构,确保它们始终处于知识传播的最前沿数字时代。

第四章　图书馆智能化管理的个案分析

第一节　人工智能背景下图书馆智能化管理策略研究——以 ZQ 图书馆为例

ZQ 图书馆新馆于 2012 年落成并投入使用，该馆在各项建设指标上，均按国家一级馆的标准建设而成。为跟进新时期现代图书馆的发展形势，ZQ 图书馆新馆的设计也非常重视科技创新力量的使用，在读者借阅环节中采用 RFID 无线射频识别技术，配合馆内供读者使用的智能终端设备，从而实现读者书刊借还自助管理服务，初步实现了读者服务的智能化管理。ZQ 图书馆智能化策略如下：

一、引入人工智能管理，提升管理效率

ZQ 图书馆以纸质书籍作为主要的读者服务对象，引入智能化图书馆智能化管理系统，能克服传统图书馆智能化管理系统的弊端，有效提升管理效率。因为，图书馆智能化管理的核心是管理系统的智能化，通过利用智能管理系统，能帮助图书馆实现电脑、手机管书、图书识别率高、图书智能编目分类、借阅参数配置灵活、可嵌入公众号、支持读者自助还书、支持非手机读者指纹借书等功能，同时配套使用图书馆智能化管理机器人。利用机器人工作，可以帮助实现图书盘点、图书搬运、图书分拣、图书上架等工作，将原来依仗的人手工作从繁重劳务中释放出来，有效提升图书相关管理工作的准确度与规范性。在智能机器人的指引下，能够使读者更快速精确地找到所需的读物，提升使用体验。

二、引入大数据技术管理，构建现代数据信息平台

大数据技术作为人工智能技术的核心组成部分，对于优化图书馆的管理有着非常重要的作用，在数字资源占比逐步提升的基础上，通过对馆藏数据、读者信息数据、流通数据、设备使用数据等相关数据的精确统计、相互融合和科学分析，可以帮助图书馆精确、高效、科学地制定决策。

ZQ 图书馆应完善读者用户的基本信息，对用户类型进行有效的分类管理，运用大数据方式进行全方位画像、构建现代数据信息平台作为数据资源管理的基础、通过数据的采

集提升资源的管理能力和精准服务能力，以求使服务更加贴合读者用户的需求，在完善读者个人信息的基础上，图书馆通过对其进行智能抓取和关键词抽取、对读者用户的使用数据如进馆时间分布、阅读频率、阅读资源类型、搜索痕迹等进行有效分析，从而掌握读者用户的阅读需求，随后做精准的推荐信息推送，提升资源的利用率和读者的图书馆服务体验。此外，ZQ图书馆应尽快利用RFID技术改造原有管理体系，使图书馆资源、设施设备早日实现智能化管理，有效延长图书馆的对外开放时间，甚至是24小时无人值守化，从而更大程度地方便读者用户。

三、延伸智能化服务至馆外服务

从现代化服务角度而言，图书馆智能化服务的目标不单是提升读者在图书馆内的阅读体验、还肩负着突破固定场所的限制，使图书阅读服务延伸至馆外，为市民的日常文化生活提供更多元化的选择，充分响应国家提出的加快构建现代公共文化服务体系的政策号召。

在实现路径上，构建数字化平台，解决图书的配送瓶颈，实现图书阅读的馆外服务功能。在现有第三方服务的基础上，引入大众化的服务平台作为开展的基础。随着馆内电子资源的增加，也可以通过这些平台让读者获得在线阅读等服务。

总之，智能科技在现代生活当中扮演的角色日益重要，传统文化产业引入智能化管理是必然趋势。国内公共服务体系的智能化越来越高，图书馆智能化服务也将获得更加高效的提升，图书馆智能化必然是未来文化产业改革的重要方向。

第二节 高校图书馆智能化管理研究
——以河南财经政法大学图书馆座位预约系统为例

"读者第一、服务至上"是图书馆的服务宗旨。河南财经政法大学图书馆利用先进技术提升图书馆智能化服务水平、改善用户体验，基于微信公众平台构建的座位预约系统，便捷易用，不仅提高了座位利用效率，节约建设成本，具有较强的实用性，而且也创造了一种新的空间体验。

一、财经政法大学图书馆座位预约系统的可行性

高校图书馆的占座现象长期存在，近年来不仅没有缓解，反而愈加严重。基于微信公众平台构建的图书馆座位管理系统，利用微信的技术优势，跨通信运营商、跨智能操作系统的特点，使用户操作方便简捷，大大改善了用户体验。

第一，系统功能可行性。①微信号与座位预约系统账号绑定。将用户的微信 Openid 身份标识与用户的手机号、学号绑定，绑定过账号以后，用户才能使用系统选座及其他功能。②座位使用情况查询。读者通过智能终端可以方便快捷实时查询座位使用情况，用户无论何时都可以准确地获取座位信息，节约用户的时间。③在线座位预约。用户通过智能终端在微信公众号选座系统里，在线实时预约空闲座位，界面清晰直观、一目了然。预约座位成功以后，须在规定的时间内确认，如有特殊情况可以主动点击取消座位预约。④黑名单管理。这种约束机制针对的是失约和违规的用户行为，短时间内违规次数达到系统限制，将被列入黑名单而无法再次预约座位。⑤微信扫描签到功能。用户成功预约座位之后，服务器会发送动态二维码至用户的手机上，通过图书馆楼层的扫描设备，扫描动态二维码实现签到功能。⑥工作人员后台管理功能。管理员可以登录后台系统进行座位管理，例如，查询当前图书馆座位使用情况、统计人数以及黑名单管理等。

第二，满足需求的可行性分析。在财大图书馆外，每逢考试集中期，无论天气如何，总能看到馆外排队的"长龙"，馆内桌椅上到处摆放着占座用的书籍用品。为了使读者能合理地使用座位，图书馆每天都会播放不要占座的温馨提示，图管会的同学和教师们还须不定时地清理占座物品。读者耗时耗力，管理人员徒增工作量。而座位预约系统的应用可以节约读者时间，降低人员成本，让用户参与图书馆自主管理，最大限度地满足读者服务需求，提升图书馆座位使用率。

第三，经济应用可行性分析。科技进步日新月异促进了智能手机行业的发展。大学生作为特定的群体，他们接受新的事物和拥有高新产品的欲望比较强烈，几乎人手一部智能手机。移动智能终端的普及为座位预约系统提供了强有力的终端保障。

第四，技术支持可行性分析。微信平台不仅使用方便而且效率高，通过它可以把图书馆的相关信息都收集在内。河南财经政法大学图书馆微信公众平台于 2018 年 5 月 25 日正式开通。座位预约系统开发是利用微信的接口，直接运行于现有的河南财经政法大学微信公众平台上，使微信公众平台的功能得到扩展。系统界面简洁明了、直观大方、操作方便、查询便捷，通过微信朋友圈、公众号专属二维码扫描以及 App 连接的方式传播，满足广大师生的需求。

二、河南财经政法大学图书馆座位预约系统的运行模式

第一，系统运行机制。通过微信接口配置，可以实现公众号与本地服务器互联互通。用户关注并注册公众号以后，能够收到公众号后台发送的信息。用户可以通过公众号底部链接进入座位预约系统，同时可以向公众号发送消息，公众号平台根据接口配置将消息转发至本地后台，本地服务器根据消息类型判断后进行处理。

第二，用户认证管理。根据河南财经政法大学图书馆规定，本校图书馆仅针对本校师生使用。本校师生注册绑定微信号以后，通过微信登录与学校信息库进行验证，如符合身份要求即可成功登录进入界面。由于数据库信息实时进行更新，对于已毕业的学生无法通过验证，从而导致登录失败。

第三，座位查询模块。河南财经政法大学图书馆共有 8 层对外开放的阅览室，查询模块对现有楼层分组统计。通过查询系统，读者可以清晰直观地看到图书馆各楼层各区域当前可用座位数量及位置分布，让读者了解座位资源占用情况，快速找到座位，便于人流疏导。

第四，座位预约模块。用户在预约座位时可以自主选择，利用定时器同步刷新座位使用情况。同时，用户根据界面显示的颜色触控手机终端选择座位，座位颜色变成红色即表示座位预约成功。系统在用户选择座位后，会先判断此座位是否被占用，如果没有则将预约结果写入系统数据库，用户预约成功。河南财经政法大学图书馆的座位预约只能预约当天的座位，隔天无效。

第五，扫描签到模块。扫描签到模块是利用微信自带的扫一扫功能，最初通过扫描每张座位上的二维码实现签到功能。经过一段时间使用后发现，越来越多学生用手机将二维码拍照后保存，随时随地可以扫描签到，严重扰乱图书馆座位预约管理。随着动态二维码的普及，开发新的程序和 App，通过动态二维码来实现对学生签到行为的约束。签到功能是通过时间限制来区分"签到"和"失约"两种状态，其中"失约"状态将被系统记录下来，为记入黑名单提供依据。

第六，违规记录设置。违规记录设置是系统根据约束机制，禁止一定时间段内违约用户登录。预约选座后可退座，退座后 1 分钟内不可选座，不能在规定时间内到馆签到、未主动退座的，记违规 1 次；被监督占座后 8 分钟内未及时到馆扫码签到的，记违规 1 次；若违规操作在 15 日内累计达 3 次，将会被列入黑名单，一周内不可使用系统选座。这个模块的设置，让不遵守纪律的读者受到惩罚，维护了图书馆的良好秩序。

第三节 高校图书馆的智能化管理与服务
——北卡罗来纳州立大学图书馆带来的启示

美国北卡罗来纳州立大学图书馆在 2014 年获得了斯坦福研究图书馆创新奖[①]。美国北卡罗来纳州立大学为用户提供了一个无处不在的智能化服务的环境，馆内包括了学术交流中心、信息技术教育中心及实验室、数字媒体实验室、应用性研究实验室、数字图书馆计划部、学习技术服务处、教职员发展服务小组、数字出版中心等多个部门，这些部门与校内各教学科研单位形成紧密合作，对其各项学习、研究和创新工作提供包括法律援助在内的全方位支持。

图书馆将整体景观、室内设计、技术设备等融为一体，设置了百余个各种各样的小型研讨室，营造了多变的阅读空间，弱化了楼层概念。名家设计的形态各异的桌椅和灯具不拘一格，丰富多变的空间色彩以及灯光契合了不同需求的用户。

馆内交互式高清屏幕为用户提供各种实时数据；游戏试验区能玩视频游戏并对其进行研发设计；高科技展柜可以让用户使用最新的电子设备尝试最新的技术研究。特别是机器人存取系统给用户带来全新体验，这套系统是当下最先进的图书馆智能化管理系统之一，整个系统由数量众多的机器书架组成。图书馆内遍布人机交互设备，用户可在交互设备虚拟目录中检索挑选，系统会指使机器人检索书的所处位置，将书传递至取书柜台前由用户自行取走，节省了大量时间。值得一提的是，系统还支持用户在局域网或移动设备上完成图书的借阅过程。

一、美国北卡罗来纳州立大学图书馆的研究热点

第一，图书馆拥有高性能的研究系统和大规模的可视化"云"。美国北卡罗来纳州立大学图书馆拥有高性能的研究系统、随处可见的各种高清显示屏，提供给研究人员做云存储或云计算服务。图书馆的设备支持校园数据可视化、交互式可视化、远程协作可视化和可视化研究。

[①] 斯坦福研究图书馆创新奖是美国斯坦福大学图书馆自 2013 年设立的一个世界性奖项，用于表彰全球范围内在创新服务或改进服务方面使用户受益的学术图书馆，并提供奖金，每年评选一次。评委来自世界各地，包括德、美、英、法的图书馆界著名学者和专家。其目的是呼吁全社会关注并鼓励图书馆进行创新性发展。

第二，支持人机交互技术。该项设计的理念是将图书馆建设成支持多学科领域研究的"驱动机"。美国北卡罗来纳州立大学图书馆通过高科技设备让学生在馆内感受最先进的技术，该技术的核心内容就是将全学院各个学科的实时信息数据嵌入图书馆，使图书馆成为教育、工程、设计、管理、人文与社会科学等学院的枢纽。设置的"服务热线"负责给学生和教师提供无缝的和随时随地检索获取信息的空间和技术。图书馆还开设了数字游戏研究实验室、创意工作室、三维打印设施、数字媒体生产设施等空间。

第三，数字游戏实验室。数字游戏实验室是图书馆与计算机科学与电子工程学院合作开设的一间具有高分辨率显示屏的实验室，方便用户完成设计实验。虚拟的设计空间和虚拟的工作环境为学生提供了一个巨大的竞争优势，大学生在校期间就能够真正体验到工作实践的过程，他们的简历因为增加了这样一个过程而拥有了更多的发展机会。

创意工作室在设计上类似于教学和可视化实验室，支持各学院学者的教学科研活动，具有开放的天花板网格、可移动白色面板、投影仪、屏幕和便携式移动设备等。彩色LED照明使每个画面确保高度清晰的质量，使得这个创意工作室更加适合头脑风暴、团队活动以及一些更亲密的互动、动态仿真和可视化的实验活动。

第四，视频会议和重大事件的及时捕获。该项技术是及时获取重要会议及重大事件的关键，该功能可通过图书馆内一流的视频会议室和远程监控技术，实现与世界各地同行同步交流的目的。通过该项设计可以真实地体验到即时通信的灵活性和强大的适应性的特点，使用户远程参与会议，或者成为被邀请的专家参与现场讨论。会议提供基于Web的各种网络平台，包括许多学生和教职员工每天使用的网络电话和谷歌视频聊天平台。

在美国北卡罗来纳州立大学图书馆，这样的场景随处可见，用户在小组讨论的同时，采用即时聊天工具或视频工具扩大协作和交流的范围。

第五，图书馆成为激发创意的孵化器。美国大学图书馆大多数都是质量最高或历史悠久或拥有最高的科技含量，通常也是造价最高的建筑，是新材料、新设备、新技术的试验场。美国北卡罗来纳州立大学图书馆内设置了大量为社会团队服务的实验室或工作室，支持研究者来馆里租借并进行生产、创作活动，使图书馆成为科技研究的"孵化器"。此项设计旨在创造与外界交流合作的一个互动环境。

在图书馆内，四分之三的面积是图书馆专用区域，其余空间则对社会开放，如在一层入口处就设有苹果公司的技术成果展示厅，还有大量临时研讨学室和研究生的活动区等，便于社会团体及企业员工与高校教师、研究生合作。其中较为著名的就是创客空间，这是一间能够给用户提供自由开放的协作环境和展示成果的实验室，是一间利用互联网技术，使用开源软件，分享知识与技术的创新，随时进行创意交流并协同创造的实验室，内设3D扫描仪、3D打印机和激光切割仪等设备。

第六，学科馆员的服务嵌入团队和机构科研中的图书馆，作为州立大学的一个研究平台，学科馆员与研究团队、学科专家保持着不间断的联络，使得学科馆员有机会、多方面参与跨领域的合作项目，让学科馆员寻求"嵌入"的机会，并能够在整个团队的研究周期里为其提供一整套的服务，如数据管理、可视化服务、文献分析、版权咨询、多媒体创作等。美国北卡罗来纳州立大学图书馆的学科馆员近期完成的一个成功案例是参与了校长关于"卓越教师"计划的制订，提供了有价值的分析报告。该计划的中心内容是网罗全球最优秀的教师加入美国北卡罗来纳州立大学的跨学科的研究项目，来解决一些全球最前沿的难题。

二、美国北卡罗来纳州立大学图书馆对我国图书馆的启示

第一，营建智能化服务环境。图书馆作为高校最重要的建筑之一，是教师和研究生学术研究不可或缺的一部分，新馆设计应将智能技术与数字图书馆有机结合起来，为用户提供无处不在的智能化服务环境，使图书馆不仅成为用户的学习阅读空间，更重要的是成为具有吸引力的高科技研发平台。

第二，强化服务设计理念。在信息数字化的大环境下，提供更加多元化的服务是用户真正需要的。图书馆应强化服务设计理念和方法，为用户量身定制个性化服务。多元化的服务空间让用户感到舒适、放松，有利于畅所欲言，促进想象力和创造力的迸发。

第三，扩大简洁自助服务和"一站式"需求服务，使复杂事情简单化是图书馆的服务原则，也是让图书馆成为用户乐园的关键之一。服务简易化的实现途径之一就是自助化。事实证明，用户的自助化服务提高了图书馆的资源使用率和工作效率。同样，"一站式"服务也是基于服务便利性而衍生出的发展趋势，用户希望图书馆能够提供一个可以综合性解决所有相关问题的窗口和平台。而且用户希望这种"一站式"的综合服务点，不只局限于图书馆的某个点，而是能够延及用户所在的各个点，形成一张综合服务网，网罗用户的一切需求。

第四，打造开放的服务空间。新建成的美国北卡罗来纳州立大学图书馆预留了四分之一的空间向社会开放，这点值得国内高校图书馆借鉴。目前，尽管有众多机构和媒体呼吁高校图书馆全面向社会开放，个别馆也有开放的先例，但没有形成规模。借鉴美国北卡罗来纳州立大学图书馆的经验，我国高校图书馆应允许社会团体或个人到图书馆与高校教师开展各类合作，创造一个与社会互动的环境，让高校图书馆真正成为科技创新的孵化器。

第五，推进嵌入式学科服务。在美国北卡罗来纳州立大学图书馆，学科馆员通过智能化的平台与研究团队、学科专家保持着不间断的联络，使得他们有机会参与到学者的研究领域并为其提供整套的服务，包括收集数据、统计分析、文献查新等日常工作，还包括版

权咨询、多媒体创作、可视化服务等专业性较强的工作。这是值得国内高校图书馆学科馆员学习借鉴的，提醒我们不仅要具备最基础的专业知识，良好的沟通能力，还要不断探索学习，储备多种专业技能，为科研团队及专家教授提供更加专业和更有深度的服务。

总之，美国北卡罗来纳州立大学图书馆先进的服务理念、高性能的基础设备以及独特的服务设计，为用户提供了近乎完美的图书馆利用体验。希望它的完美设计和一年来的成功运行能够提醒国内正在建设或即将建设的新馆将智能化、高科技的元素和先进的服务理念融入图书馆的建筑设计中，使用户获得更优质的服务体验。

第四节 基于RFID技术的高校图书馆智能化管理创新
——以东北大学图书馆为例

一、高校图书馆应用RFID的必要性

第一，简化借还书作业。以RFID标签取代条码、磁条，无须一本书一本书地用扫描器扫描条码，并且可以一次读取多笔资料，同时减少读者的等待时间及馆员的例行业务，提升了图书馆的服务品质及形象，提高流通工作效率。

第二，方便读者开架找书。图书馆书库的架标、层标采用RFID标志，就可将书架的单面一层作为基本的智能管理单元，建立架位标志库，利用RFID标签在馆内构造一个精确的定位导航系统，提供协助寻找图书的人性化便利服务。

第三，避免错架乱架现象。利用RFID技术，把图书的存放位置记录在RFID标签中，工作人员日常巡架整架工作中，借助手持式阅读器可及时发现放置错架的馆藏资料，有效维持馆藏正确位置。

第四，简化图书盘点工作。RFID标签以无线电波传递信号，可一次读取数个RFID标签数据，利用手持式阅读器逐一经过书架，即可读取架上资料的相关信息，强化图书盘点工作。

第五，安全管理。通过识别器可以读取存储在RFID标签中的信息，读者经过出口门禁检测系统时，系统直接对RFID标签进行识别、监视和处理，辨别图书的出借状态，当读者携带未经许可的馆藏物品通过门禁检测系统时会发出警示，将无法通过安全门。

第六，读者统计及业务分析。有利于更好地开展读者服务，有效反映读者人流状况，便于业务统计分析。

二、东北大学图书馆 RFID 的系统设计

下面以东北大学图书馆为例,解读高校图书馆 RFID 技术创新实践。

(一) 高校图书馆智能化管理 RFID 系统的构成

东北大学图书馆采用的 RFID 层标排列编码规则包含 6 个属性:区—楼—室—排—列—层,东北大学 RFID 图书馆智能化管理系统涵盖了借书、还书、盘点、顺架、标签转换及生成、查找和防盗检测等的操作功能模块。这些功能模块以中间件为桥梁与图书馆智能化管理系统和一卡通管理系统进行网络或设备层的数据交互。

第一,RFID 电子标签。由耦合元件及芯片组成,每个标签具有唯一的电子编码,附着在物体上标识目标对象。

第二,馆员工作站。根据需要集成 RFID 读写装置、各种类型读者证卡识别装置、条形码识别装置等设备,对 RFID 标签进行识别和流通状态处理,辅助以其他装置用于流通部门对粘贴有 RFID 标签及条形码的流通资料进行快速的借还操作,提高工作人员的流通资料借还效率。

第三,标签转换系统。包括一个用于 RFID 读写、编码的装置和一个用于分发标签的自动剥离标签,具有显示器、PC 机、读写装置的完整可移动系统。通过简单方便的组合设备实现图书从条码到 RFID 的无缝转换,标识流通资料,并将标签剥离加工和芯片编写工作集成到一个简单的操作过程中。

第四,自助借还系统。这是一种可对粘贴有 RFID 标签的流通资料进行扫描、识别和借还处理的设备系统,用于读者自助进行流通资料的借出操作,方便读者和工作人员对流通资料进行借出处理,可以通过 SIP2 协议或 NCIP 协议与应用系统连接,快速准确地完成借阅。

第五,智能分拣系统。这是一种一次可对单本粘贴有 RFID 标签的流通资料进行识别并按类别进行分拣的设备系统,用于馆员对图书进行收集、归类、整理工作,可以通过 SIP2 协议或 NCIP 协议与应用系统连接,快速准确地完成图书信息查询工作。

第六,安全门禁系统。可对粘贴有 RFID 标签的流通资料进行扫描、安全识别的系统设备,用于流通部门对流通资料的进出安全控制,以达到防盗和监控的目的。

第七,系统管理软件。RFID 智能馆藏管理系统采用原有的图书馆管理系统,系统中标签数据的读写、相关设备的控制以及与原有图书馆智能化管理软件的数据接口通过 RFID 中间件实现。基于 RFID 的图书馆智能管理系统,从内容和形式上带动了图书馆服务质量和文献管理水平的提高,为现代高校图书馆的纸本图书馆智能化管理赋予智能化的意

义。展望未来，图书馆智能化和现代化探索的道路是永无止境的，有诸多相关课题有待研究和解决。

(二) 高校图书馆智能化管理 RFID 系统的工作原理

基于 RFID 技术的图书馆管理系统的具体实现形式是，一个由管理服务器、一定数量 RFID 标签、完成不同功能的阅读器以及信息传递总线组成的具有图书信息记录和报警功能的管理系统。每一本图书都采用一张唯一可识别的 RFID 标签作为标识，标签内容与图书数据库资料相对应。当借阅者选择好要借阅的图书后，通过专门的借阅通道，采取射频方式自主地将借阅图书的信息录入图书馆智能化管理数据库中进行登记。登记完毕后携带已借阅的图书通过图书报警通道（安全门禁系统）离开，在通过报警通道时，具有报警功能的阅读器再次对借阅图书进行信息采集，并发送到管理系统数据库中进行信息验证，验证不通过则视为非法图书进行报警处理。还书的过程与借书类似，读者归还图书时必须经过相应的还书通道，运用射频的方式自主地将已借阅图书在上位机数据库中进行注销。在图书排架管理当中，阅读器通过射频方式查询摆放错误位置的图书，并将其标签信息发送给管理数据库，数据库接收到验证请求后将图书名称及具体信息发送给阅读器并显示在阅读器上，方便管理员发现图书并将其放入正确的书架，提高管理效率。

第五节　图书馆智能化管理读者服务工作
——以兰州大学图书馆为例

图书馆的智能化是渗透领域的其中之一，图书馆与读者的关系其实就是信息的沟通与互动关系，他们之间的互动是图书馆的基本活动。因此，"读者至上"是图书馆做好一切工作的出发点和立足点，图书馆的一切活动都是以读者为中心，围绕读者的需求而开展的，图书馆的最终目标也是满足读者的信息需求。

图书馆与读者的互动不仅是简单的图书馆工作人员与读者对话的形式，更是他们彼此之间相互影响的过程。读者通过互动获取所需的信息，图书馆通过互动了解读者的信息需求从而协调图书馆服务，于是随着互动的加强，读者的信息需求才会更大可能地被满足，图书馆的服务质量也越来越好。构建图书馆与读者的良好互动关系，不仅可以提升图书馆资源利用率、增强图书馆吸引力，还可以拓展图书馆的业务和功能、创新图书馆服务管理模式，对图书馆发展具有重要意义。下面以兰州大学图书馆为例，解读图书馆智能化管理读者服务工作。

一、兰州大学图书馆与读者互动特征

（一）超越时间

从读者的角度来看，在计算机网络技术的应用下，管理人员运用专业的软件将图书馆内的数据以最少的时间整理分类，读者选择信息的过程可以自己在网络上进行，通过筛选选择对比借阅自己所需的文献，这个过程不需要经过与管理人员的互动，省去咨询所耗费的时间，而且借阅室有自助借阅、续借、归还文献的自助机，读者不再受到开馆闭馆时间的限制，不再受到自身娱乐和工作时间的限制。

在计算机网络应用下，图书馆管理人员的大部分工作在计算机软件的协助下，提高工作效率，他们可以实现一人多职，为读者的服务也不受时间的约束，读者的需求可以在自助机和网络平台的帮助下自己完成，因此图书馆智能化管理人员和读者的互动不受时间的约束，彼此的效率都会得到很大提高。

在计算机网络技术的应用下，图书馆管理人员和读者彼此的时间都不用找到一个契合时间点，才能完成彼此的工作，二者在网络的协助下，彼此的效率都得到提高，自身也不受固定时间工作模式的影响。此外由于微信公众号、微博等多种平台的出现，图书馆员与读者的互动时间不再局限于见面的时间，微网络使二者的时间互动已经超越原有限制。

（二）超越空间

1. 图书馆的环境

图书馆在计算机网络技术应用下，馆内工作人员用专业的软件将所有的资源整理分类，使其以一种清晰方便的模式通过网络呈现在读者的眼前，读者有了新的引导模式，二者的互动也不局限于实体图书馆，读者可以随时随地咨询、查阅文献，这是一种虚拟的空间，在虚拟的时空里完成传统互动模式下的一系列工作，网络虚拟空间的出现弥补了实体互动空间的低效率问题，不同环境下都不会限制读者获取资源的需求，读者也不用依赖于图书馆员的引导，二者的互动环境发生了很大变化。

2. 图书馆的空间

在知识互动方面，在计算机时代，图书馆员把馆藏资源以合理的方式展现在网络上，使读者对馆藏资源有了基本的了解，一定程度上增强了馆内资源的流动，同时点击和下载率的网络呈现也使图书馆员对读者的需求有一定了解，这种知识种类和范围的互动极大地调动馆内资源的利用率，也使读者和工作人员对彼此有不同程度的了解。

图书馆管理人员对自己所在的图书馆的馆藏资源有超越读者的了解，对文献的类别和质量也很熟悉，但是他们也只是了解整个大范围的情况，对某些专业书籍知识的了解和调动不如专业读者，网络时代读者和图书馆员可以通过多种平台沟通，这种互动不受时空的限制，随时随地可以在网络上与管理人员提出意见，这个互动的过程加深了彼此的知识量，图书馆智能化管理人员可以提高自己各方面的专业素养，对自身的发展和图书馆管理有积极的作用，而读者同时增加了自己专业以外知识的储存量，对自身知识的发展起到互补作用。

计算机网络时代，读者和图书馆智能化管理员的关系不再是传统的单调的借阅和办理手续关系，而是更倾向于互相进步的平等关系，读者随时随地在网络环境中检索图书馆资源，网络环境没有高低贵贱之分，所有网民都可以在平台平等地提出批评建议，不同于传统的读者和管理人员面对面的模式，读者没有压力感，他们可以通过网络平台自由寻找所需的东西，这种脱离压力的沟通环境使读者最大限度调动馆内文献为自己所用，也不受纸质版印刷书本数量的限制。现代移动图书馆储存的电子资源弥补了纸质资源的限制，在这种优势下读者与图书馆管理人员可以增加沟通的内容和机会，互相学习，无论是电子资源还是纸质印刷资源都可以成为二者交流的内容。

在信息资源共享方面，计算机网络技术在图书馆的应用，也是图书馆资源信息共享时代的来临，各个地方的读者和馆员可以共享彼此的资源，扩大图书馆内实际资源量，以此满足读者日益增长的阅读需求。计算机时代实现了图书馆资源跨时空飞跃，读者与馆员的互动范围相应地也会扩大，实现资源共享。

在资源共享时代，无论是馆员还是读者会有多种途径获取资源，拓展自己的知识量，因此网络平台互动过程中，馆员并不是万能的存在，将所有的知识资源全面的收集编辑。读者在互动过程中，可以协助图书馆内逐渐完善馆内资源的获取和分类，读者和馆员互动的过程，是帮助馆员以及图书馆完善知识储存量的过程，也是单项互动转向双向互动的过程。

3. 图书馆的服务智慧性

"智慧性"服务是围绕着用户需求和资源深度挖掘体现的，图书馆员通过技术化工具整合分析文献资源，为用户即时提供综合性信息资源；反过来图书馆员又根据读者不断变化的需求，运用专业的技术和软件深度挖掘已有的信息资源，并将其整合分类，以清晰的知识结构呈现在读者眼前，满足用户的需求。"智慧性"的典型特点就是可以为用户提供个性化、专业化、多样化的服务，此种服务具有增值的特点，一个智慧化的图书馆队伍，可以明显地体现出图书馆与读者的桥梁作用。智慧化的服务，不同于传统单一简单的文献服务，它因时因地因人进行具体化分析，服务更加具有针对性和系统化，体现"以人为本"的服务理念，服务智慧性作为图书馆员和读者互动明显的特点，是以计算机网络技术的应用为基础的，也是图书馆互动发展的大趋势，这样的大趋势不仅是服务层次的提升，也是图书馆员和用户自身智慧性的提升。

4. 语言符号扩大化

在计算机网络技术应用下以及各种移动平台的建立，使馆员和读者的互动超越时空的约束，二者在各种平台的互动越来越多。而"语言符号"就成了互动平台的标志性符号，并出现扩大化的倾向。语言作为网络平台互动的媒介成为图书馆和用户联系的有力工具，丰富的语言文化传递着双方的思想，使图书馆与读者最大限度保持着联系，这是语言符号特殊的人际互动功能。

二、兰州大学图书馆与读者互动平台

以兰州大学为例，为了不断地适应读者的需求，陆续开通了新浪博客、微博、微信官方公众号等，并利用世界读书日活动，通过张贴海报、摆设展架、发放印有图书馆微博微信二维码的书签等方式开展图书馆微信微博宣传与推广活动。兰州大学图书馆微信公众平台的功能主要包括"馆藏续借""馆藏查询""座位预约""杂志精选""新书推荐""资讯速递"等，通过微信公众服务平台，读者可以随时随地搜索和阅读数字信息资源，自助查询书目和完成图书预约续借，查看图书馆最新动态及讲座通知信息，完成图书馆自习区座位预约，使读者享受无时空限制的图书馆服务。兰州大学与读者互动平台的建立，也是现在图书馆互动平台的发展趋势，各地图书馆都在积极建立和维护网上平台，增加自身与读者的联系。

三、兰州大学图书馆与读者良好互动机制构建

图书馆与读者的互动机制，就是通过整合各种资源信息，利用多种多样的服务手段，在图书馆与读者之间搭建起一个平等对话的空间，实现信息的双向交换的一整套管理制度和服务策略。在智能时代下，要想构建图书馆与读者之间良好的互动机制，需要图书馆和读者更好地相互配合、相互沟通、相互影响，加强"面对面"的实体互动与虚拟互动相结合，充分发挥传统的互动平台和网络平台优势，利用智能时代的信息技术为读者提供更好的服务，也为图书馆自身的发展寻找更好的方向。

（一）读者方面

读者是图书馆运行的关键因素，加强图书馆与读者的互动，引导读者的积极参与图书

馆开展的各种意义活动，了解图书馆的最新动态，通过活动的互动增加彼此的认识，使图书馆的开展更具有针对性和时效性，最大限度地发挥图书馆的作用。读者应该熟悉图书馆资源索引、借阅等流程，最大限度地使用馆藏资源。

总之，图书馆不仅要继续与信息网络做加法，还要加快向智能时代的全媒体复合型图书馆转型，智能化已经成为时代的大方向，计算机网络的应用也是不可抗逆的选择，它的出现，的确为图书馆管理提供了新模式，极大地减轻了人力财力的浪费，管理效率也有很大提高，但是网络的优势并不能完全替代人力，图书馆发展也不会逐渐淘汰管理人员，因为与读者的互动是重要的一个环节，在以人为本的服务社会大背景下，读者是图书馆服务的中心，因此图书馆与读者的互动永远是一个重要的发展话题，计算机网络改变图书馆管理的同时，也直接或间接地改变了与读者的互动环节，增强图书馆与读者的互动，切实落实这些细节，对图书馆长远发展意义重大。因此，图书馆在未来的发展中，应与读者建立良好的互动关系，结合实体传统平台与虚拟网络平台的优势，促进图书馆与读者双向良好发展。

（二）相关单位方面

相关单位应该积极关注图书馆的发展问题，为其发展引进有利资源，同时适当地为图书馆提供力所能及的财政补助，推动图书馆的发展。图书馆是一个地方发展的重要资源，是促进人力发展的重要平台。

读者素质的提高是地方发展的推动力，所以图书馆的发展对相关单位的发展也至关重要。图书馆是各地区发展的智囊团，为不同读者、不同专业、不同行业、不同地方的发展提供理论支撑，让大家取长补短，找出适合自己的方向或者创新思想和行为，与读者互为良师益友，在一定配合的基础上，共同发展，走向成功之路。

（三）图书馆方面

1. 利用新媒体强化与读者的互动

随着移动互联网技术迅速发展，智能手机、平板电脑等各种移动通信设备几乎是全民使用，读者的阅读时间更加碎片化，他们可以不受时间空间的限制随时随地登录网络获取自己需要的资源并发表自己的意见，图书馆不仅要加强自身建设，还要适应新环境新时代新方式，认识到新媒体传播信息的快速性和便捷性的特点，把图书馆的服务引入新媒体中，利用新媒体加强与读者的沟通交流。新媒体弥补了图书馆与图书馆网站在时间和空间上的不足，信息传播的速度更快，读者和受众更加庞大。

图书馆利用新媒体为读者提供服务，可以很方便地和读者进行"对话"，及时回复读者的提问，了解读者的真实想法，图书馆员与读者的随时互动增加了彼此之间的联系，图书馆可以把读者的反馈信息作为图书馆导读的信息源，从而改进图书馆服务。

2. 多途径了解读者需求

图书馆除了增强线上的联系，还应该重视线下的联系，尽管读者的大部分需求可以通过网络自助完成，图书馆员在传统的咨询台也要发挥互动作用，信息技术在图书馆的应用也不能完全替代人力资源。

图书馆可以通过定期举办读书会活动或者读书竞赛，加强读者对图书馆的了解，增强彼此的互动时间和空间；同时，通过开展"读者满意度调查""读者利用图书馆情况调查"和座谈会等活动，让高校师生读者参与到调查中，使图书馆全面了解和掌握读者的各种需求，及时发现服务中的不足，更新馆藏资源，并针对问卷反馈出来的信息和读者提出的问题进行完善改进，尽量满足读者多样化个性化的需求。

第六节 图书馆智能化管理语音技术应用

一、中国矿业大学图书馆的智能语音技术应用

中国矿业大学，坐落于江苏省徐州市，是中华人民共和国教育部直属的全国重点高校，国家"211工程""985工程优势学科创新平台"和国家"双一流"建设高校，咨询服务是高校图书馆提供的一项重要服务。中国矿业大学图书馆，运用AI技术设计制造出了高校图书馆智能服务机器人。该机器人的实践应用，不仅为读者提供了更加便捷的咨询、播报、引导服务；同时，还减轻了馆员部分咨询服务的工作量。智能服务机器人为读者提供了智能化的互动体验，也是中国矿业大学图书馆提供智慧化服务的进一步实践；同时，也是中国矿业大学图书馆智慧化发展的一次探索。

（一）中国矿业大学图书馆智能语音服务的关键技术

制造智能服务机器人的一项关键技术就是语音技术[1]，语音处理系统主要包括了语音输入设备（如麦克风）、语音识别模块、语音数据库、语音合成模块和语音输出设备（如

---

[1]语音技术在计算机领域中的关键技术有自动语音识别技术（ASR）和语音合成技术（TTS）。让计算机能听、能看、能说、能感觉，是未来人机交互的发展方向，其中语音成为未来最被看好的人机交互方式，语音比其他的交互方式有更多的优势。

扬声器）。语音识别模块、语音数据库和语音合成模块，我们统称为语音技术平台，在此采用语音技术二次开发平台来实现机器人与用户的语音互动。

面对国内主流的语音技术平台，选择一个相对成熟、稳定、适应自身应用环境的语音技术平台非常重要。考虑中文语境应用，对国内主流语音技术平台从识别率、识别速度、生僻词识别率、连续输入和断句、垂直领域五个方面进行比较分析。

1. 图书馆语音知识库

语音识别及合成，中国矿业大学采用了"科大讯飞"平台，但针对图书馆行业特色的语音知识库需要数据定制。图书馆语音知识库主要由四部分构成：

（1）文本数据库。文本数据库主要存放咨询类问答库和图书馆相关信息库。

（2）规则库。规则库用于存放关联规则、推理规则、认知规则等各种规则。

（3）索引库和辅助库。索引库用于存放各种索引，包括分类索引、主题索引、语音特征索引等；辅助库主要存放在检索和维护过程中形成的临时数据、辅助数据等。

2. 四元麦克风阵列技术

考虑到智能服务机器人将在图书馆一层大厅入口处提供服务，这里读者进出频繁，机器人将面临环境噪声、人声叠加、房间混响等问题，该设计采用了四元麦克风阵列来抑制噪声、消除混响、定向声源，让机器人听得更清晰，提高语音识别的准确率。

麦克风阵列，是由一定数目的声学传感器（一般是麦克风）组成，用来对声场的空间特性进行采样并处理的系统。四元麦克风阵列就是利用4个麦克风接收到声波的相位之间的差异对声波进行过滤，能最大限度地将环境噪声滤掉，只剩下需要的声波，即从含噪声的语音信号中提取出纯净语音。四元麦克风阵列系统的硬件部分则主要由4个麦克风传感器、滤波电路、麦克风专用低噪声放大电路和信号采集部分组成。

3. 基于语音识别的运动控制

机器人运动控制主要包括：感知、建模、规划、决策、行动等多种模块，我们把语音对话，机器人视觉等比喻成机器人的"大脑"，把机器人的行为控制比喻成机器人的"小脑"，通过不断完善机器人运动控制的模型，使得机器人的运动更加拟人化、智能化。中国矿业大学图书馆的智能服务机器人的运动控制系统是基于语音识别的，其总体结构设计，基于语音识别的机器人控制是通过语音输入设备将图书馆用户的语音输入对机器人发出语音命令来操作机器人，控制其运动。

语音控制端主要以语音识别技术为主，通过端口程序，与机器人通信；智慧服务机器人运动控制端主要以机器人主控程序为核心，通过端口程序接收用户的语音命令，来完成下达的命令，如前进、后退、向左、向右等。

智能服务机器人内置雷达，通过绘制图书馆一层地图方式，实现机器人自主导航，提供路线引导服务。智能服务机器人已在中国矿业大学图书馆投入使用，引起了很多读者的兴趣，尝试和机器人进行语言交流，咨询图书馆相关常见问题，感受智能化体验等；同时，机器人的使用，创新了中国矿业大学图书馆的咨询服务模式，延长了咨询服务时间，提高了咨询效率。

（二）中国矿业大学图书馆智能语音服务的设计

咨询服务是高校图书馆提供的一项重要服务，中国矿业大学通过智能服务机器人，与读者进行语音互动，回答读者的普适性、常见性问题；能够和读者进行百科类、日常类问题的交流。同时，机器人还可以为我们提供更多的服务，如对中国矿业大学图书馆主办的重要活动、讲座、培训等进行语音播报；能够进行简单的运动控制，人体感应，为读者进行简单的路线引导服务。因此，中国矿业大学图书馆在智能服务机器人一期设计开发上，实现五个功能，分别是：

第一，信息播报。智能服务机器人能够对图书馆当天开展的重要活动、学术报告、各种讲座进行实时的信息播报，进馆的读者能够非常便捷地了解到中国矿业大学图书馆当天的重要活动、学术报告、各种讲座等，可以根据自己的兴趣选择参加。

第二，语音互动。智能服务机器人基于语音识别、语音合成、自然语言理解等技术能够和读者就知识百科、时间天气、新闻等日常问题进行语音交流，回答读者的日常问题，在解决读者问题的同时也给读者带来智能化、拟人化的体验。

第三，智能咨询。智能服务机器人能够对图书馆的基本概况、常见问题、普适性问题等进行回答，和读者就这些简单重复问题进行交流。一方面让读者能够便捷、快速地获得咨询服务；另一方面减轻了中国矿业大学图书馆咨询馆员在普适性问题解答上的工作强度，可以有更多的时间和精力开展更深层次的咨询服务。

第四，路线引导。通过对智能服务机器人进行运动控制，使其能够在一个楼层范围内，为读者提供引导服务，根据读者咨询的相关物理位置问题，能够进行简单的引导，使读者快速地找到要去的地方。

第五，屏幕显示系统。智能服务机器人胸前设置一块屏幕，读者通过触摸，可以感受一些功能，例如：馆舍图片展示、图书馆视频播放、音乐播放、机器人舞蹈四项功能。开学季可以播放新生入馆教育宣传片，日常可以播放图书馆的微电影系列，重要活动、会议时，可以播放相关宣传片。

二、国家图书馆智慧化呼叫中心系统建设

中国国家图书馆，位于北京市，是国家总书库、国家书目中心、国家古籍保护中心，

是世界最大、最先进的国家图书馆之一。为了解决人工接听咨询电话的弊端，国家图书馆开始了呼叫中心系统的建设，并于 2020 年 8 月 21 日正式上线为读者提供服务。

（一）国家图书馆呼叫中心系统的功能介绍

读者打来电话咨询，首先播放预制的互动式语音应答（Interactive Voice Response，简称 IVR）并指引读者自助操作。IVR 语音未满足读者需求的情况下，转接人工接听解答读者咨询。咨询解答完成后，进行存档。

1. IVR 语音交互应答

IVR 语音交互应答系统是呼叫中心应用的重要组成部分，呼叫中心 IVR 具备以下功能：

（1）语音导航：用户电话进入平台，可以听到相应的引导语音提示，通过按键选择进入相应的服务。

（2）语音留言：在无座席值守时可引导用户进行自动语音留言。

（3）自动报工号：电话在接通座席之前，用户可听到系统播报工号。

（4）支持动态 IVR：可实现不同级别的用户，具有个性化的自动语音流程。

（5）多业务语音流程：IVR 接受不同的按键信息，对应不同的按键走不同的分支流程，如果转座席后，不同的按键对应不同的技能编号，启动不同的业务界面。

（6）多流程运行：支持多个自动语音服务的语音流程同时在线运行，拨不同接入号码进入不同的语音流程。

（7）支持提示音自动切换：如非工作时间与座席全忙时提示语音不同。

（8）手机登录：支持手机登录，方便值班人员移动办公；移动办公权限由管理员进行配置。

（9）读者自助预约：读者可以自助输入手机号和身份证号进行预约（预约入馆、预约活动、预约讲座等），预约信息表可以方便导出，可以灵活配置预约要求。

（10）IVR 语音配置表：IVR 语音配置表中所列介绍内容准备规范文本，并随时根据国家图书馆相关服务政策的变化进行调整。

2. 人工应答

读者咨询通过 IVR 系统无法解决的，则转入人工应答模块由参考馆员进行解答。主要包括以下功能：

（1）来电弹屏。来电弹屏为参考馆员在通话过程中的主要操作界面，在参考馆员接入读者时自动出现。参考馆员可在弹屏中记录、查看、编辑多种信息，包括读者信息、业务记录、回访计划、工作单、通话记录等。呼叫中心界面左下角可以查看历史弹屏记录，方便参考馆员翻阅查看弹屏的历史记录。

（2）来电显示。接听来电的座席可以看到来电号码，并根据来电号码自动获取来电者的基本信息、以往来电次数及两个自然年内的历史登记、处理痕迹；在后期与图书馆相关系统对接后可以识别读者卡用户，显示其各类最新的基础信息，参考馆员人员依据用户诉求信息，对标准应答内容进行知识库检索与应答。

（3）电话转移。系统支持电话呼叫转移，参考馆员接听电话后，可以转接给其他参考馆员的分机（或手机）。该功能可由管理员设置是否启用以及启用方式。

（4）实时监管。有权限的管理员，可以通过呼叫中心的实时监控功能对当前工作组、呼叫队列中的其他参考馆员座席进行监管，了解并更改其他参考馆员的工作状态以及当日工作数据统计，还可通过通话监听、强插、拦截功能对参考馆员工作进行监控、考核、辅助。

（5）业务记录。业务记录为方便参考馆员在与读者进行沟通时，能够及时、快速地记录下关键的业务信息。参考馆员可在通话弹屏中记录业务信息，并在业务记录页面中查看、编辑这些业务信息。业务记录支持筛选、导出功能。

（6）未接来电。为方便参考馆员快速查看未接来电信息，而不用每一次都去通话记录中进行筛选，呼叫中心提供了未接来电记录界面，可直接查看未接来电信息，并支持筛选、导出功能。

（7）回访计划。参考馆员可在通话弹屏处创建回访计划，然后在回访计划界面中查看、编辑回访计划。

（8）服务评价。读者在咨询服务结束后，可以对服务进行评价，用于了解读者满意度。

3. 统计分析报表

系统具备完备的统计分析功能，可以对呼叫历史数据进行统计和分析。支持多种业务的查询方式，提供按业务类别、服务类别和区域提供参考馆员工作的各类查询统计报表，系统提供多种多维度的分析图表，提供图标视图和数据视图两种展现形式。

4. 系统扩展性

系统提供与第三方系统的集成接口，支持与现有应用系统的集成。系统提供开放接口，提供基于通用办公工具的数据交换。系统不仅可以与现有的应用系统实现用户统一的认证，在未来业务不断发展和扩充的过程中，还能够和未来的业务信息系统进行集成，具有良好的扩展接口。

（二）国家图书馆呼叫中心系统的应用效果

呼叫中心系统的上线使用极大地提高了国家图书馆读者咨询工作的服务效率，减轻了参考馆员的服务压力，提升了读者的服务体验。呼叫中心系统的应用主要取得以下成效：

第一，提升了电话咨询工作的服务能力。呼叫中心系统的上线使得国家图书馆电话咨询服务能力得到了极大的提升。

第二，拓展了服务时间和服务范围。呼叫中心上线之前，仅可以提供7×8小时的人工服务，在非工作时间读者打电话无人接听。在呼叫中心上线之后，可以提供"7×24小时自助语音服务+7×8小时人工服务"。极大地拓展了电话咨询的服务时间和服务范围。

第三，自助语音解答简单咨询，优化了馆员工作配置。在国家图书馆电话咨询服务中，有很大一部分比例读者仅仅是咨询是否开馆、服务时间以及如何借阅等简单的、重复性的常见问题。在呼叫中心系统中，通过IVR配置，将读者经常咨询到的问题进行了语音配置，读者可以非常便捷地得到一些常见问题的解答。同时呼叫中心系统支持5路电话同时呼入并且在必要情况下可以继续扩展，读者基本不会遇到电话占线的情况。同时，将参考馆员从以前重复解答简单咨询的烦琐性工作中解放出来，服务于有深度、专业性需求的读者。

第四，实现自助语音预约入馆，提升读者服务体验。呼叫中心系统上线之后，单独设置了读者预约入馆的自助语音服务模块。读者可以通过语音导引，自助选择要预约的阅览室、入馆日期和入馆时段，支持5名读者同时预约（必要情况下可继续扩展），方便读者进行入馆预约。

第五，完善了电话咨询服务档案，便于进行数据统计和分析，促进业务发展。在呼叫中心上线以后，电话咨询都由系统自动进行记录，可以将来电的时间、时长、号码等详细信息都记录下来并进行统计分析，以便对以后的服务进行相应的调整，提高服务效率。呼叫中心系统的配置可以随时根据服务政策的调整以及数据分析的结果进行灵活设置，以方便读者服务。

（三）国家图书馆呼叫中心系统的工作升级

随着智慧图书馆的建设发展，公共图书馆将承担更多的社会责任和使命，读者也会对图书馆提出更高的要求。呼叫中心系统在国家图书馆的应用取得了显著的成效，在未来智慧图书馆时期，为了能更加高质量地做好读者咨询服务，呼叫中心系统还需要在以下两个方面做好探索升级工作：

第一，建设智能全语音门户。将智能语音技术应用到呼叫中心系统中，用全语音门户取代传统按键模式,解决传统按键 IVR 菜单层级过深和业务承载有限的弊端,实现菜单扁平化,读者说出需求,即可获得所需的信息与服务。

第二,建设完备的知识库。运行语义分析技术、智能语音分析技术,通过对海量咨询文本、语音挖掘处理,实现知识建模,并进行多维统计分析和专题分析,建设完备的知识库,为建设全语音门户、实现全语音环境奠定坚实的基础。

未来国家图书馆将继续探索建设智能 AI+呼叫中心系统的融合发展,力争打造全新读者咨询服务,做好读者的"智能助手",为智慧图书馆建设发展保驾护航。

第五章 图书馆阅读推广与智能化

第一节 图书馆阅读推广概述

一、阅读的理论解读

阅读是指读者主动从媒介所提供的符号信息中获取意义的一种实践活动、社会行为和心理过程。"随着我国经济的飞速发展和社会的不断进步，人们的阅读习惯和阅读方式发生了翻天覆地的变化。"[1]

（一）阅读的特征

就阅读而言，具有以下三个特征：

其一，阅读是视觉感知的活动。读者首先由视觉感知文字信息，其次由传导神经将文字信息输入大脑，最后由大脑的中枢神经从中提取所需的信息。人们通过默读和朗读，把无声的文字转变为有声的语言，同时，听觉器官感知并监听口读。感知文字符号信息只是阅读的手段，阅读的主要对象是书面语言（文本、数字、图像等），通过视觉的扫描从书面语言中获取意义。感知只能了解读物的个别属性和外部特征，从而获得感性认识。人们的一切认知都是从感知开始的，感知是阅读的开端，从这个意义上讲，感知能力是十分重要的。

其二，阅读是一种复杂的语言技能活动。阅读是由一系列阅读行为和阅读技巧组成的语言实践活动。阅读技能又可以细分为许多微技能，如字词的识别、语义的分析、提取有关知识、思考推理、归纳等。这些过程在人脑中是同时进行的，只有学会释词断句、撷取重点、归纳中心、查阅工具书等技能，才能把书本上的语言变成自己的语言，把文章所要表达的中心思想通过思考转化成自己的思想。

其三，阅读是个人思维活动和理解的过程。在阅读的过程中，人们通过感官感知文字信息后还必须经过思考、想象、判断、推理等一系列的思维活动，才能将文字信号转换成

---

[1] 张亚影. 高校图书馆阅读推广活动的设计与实践探索[J]. 文化学刊，2023（02）：186.

各种概念和思想。阅读理解的实质就在于，将原来掌握的固有知识与读物中的新知识建立必要的联系。理解的过程是对文献进行再加工的过程。在这种过程中，人们通过对文献内容的逻辑分析和综合判断等一系列的思维活动，将文献中的语言进行总结、提炼，变为自己的思想，从而获得阅读的乐趣，从中获取知识。

（二）阅读的功能

阅读对人们的价值观、道德观、人生观和审美观等方面有着深刻影响。阅读不能延伸人生的长度，却可以改变人生的深度和厚度。阅读的功能如下：

1. 求知功能

阅读是获取信息和拥有知识的重要手段，是一种不受时空限制的人们普遍接受的行为方式。人们获取知识的主要途径除自身实践外，还要靠阅读。阅读实际上就是挖掘知识的过程。阅读的材料越多，获取的信息和拥有的知识也就越丰富。人们掌握了丰富的知识，方能达到认识世界和改造世界的目的。

阅读是人们的终生活动，不论对儿童、少年、青年、中年人或老年人都具有增长知识的效果。"学会求知"在某种意义上就是学会阅读。通过阅读，既能接受前人探索自然、观察社会的成果，从中吸取经验和教训，也能通过报刊、书籍和网络搜集需求的最新信息。阅读是读者认识客观世界的向导、桥梁。

2. 开发智力、锻炼思维功能

智力指人认识、理解客观事物并运用知识、经验等解决问题的能力，包括记忆、观察、想象、思考、判断等。这个能力主要包括理解、计划、解决问题，抽象思维，表达意念以及语言和学习的能力。其中，思维能力是最主要的智力因素，处在智力因素的核心地位。阅读过程从本质上说也是思维过程，当阅读者聚精会神地阅读时，即是在不断地思索、想象、判断、推理和评价。

广泛的阅读能不断促进知识的积累和技能的增长。一个人的知识越丰富，对事物的观察就越敏锐、深刻，而在诸多能力中起决定作用的思维活动就能在广阔的领域中进行，就能对事物的判断和推理更准确，更富有想象力和创造力。

3. 审美功能

人类追求的最高价值是真、善、美，其中，"真"属认识的价值，"善"属道德的价值，"美"属艺术的价值。阅读的审美价值即指读物和阅读活动本身对读者产生的美感陶冶作用。阅读可以增强读者的审美意识，培养读者的审美能力，激发读者审美创造精神。阅读的审美价值来自读物内容方面的思想、哲理、品质、情操、意境美与读物形式方面的语声、结构、形象、节奏美。阅读是复杂的心智技能，阅读审美价值的实现依赖于读者对读物内容和形式美的体验、鉴赏和评价。读者在阅读活动中能陶冶高尚的审美情感、熏染健康的审美趣味，从而完善读者的审美心理结构。

4. 培养品德、陶冶情操功能

培养品德、陶冶情操除了依赖于社会实践之外，善于阅读也是重要的途径之一。阅读有助于人们深刻地了解人与人、人与社会之间的关系实质，而这正是科学地对待人生、树立高尚道德情操的必要基础。阅读有价值的读物会使读者的心灵得到净化，性情得到陶冶，甚至影响读者的人生道路和人生观。

总之，阅读作为人们精神生活的基本内容和精神交流的重要渠道，其促进社会发展的作用是不可替代的。

（三）阅读的意义

阅读意义是指阅读主体对被阅读的客体对象满足主体需要大小的一种评价。一般来说，满足需求越大、越充分，意义就越大。但意义的评价还具有某种主观性特点，尽管被阅读的对象并不具有太大的客观价值，却会得到阅读者的高度评价。阅读的重要意义无外乎两个方面：个体意义与社会意义。

1. 阅读满足发展的个体意义

阅读的个人意义可以从个体成长与家族昌盛两个层面来分析。

（1）阅读是使个体精神成长的唯一途径。个体要想成为一个真正意义上的人，就必须进行"社会化"。社会化，是指个体在社会影响下，通过学习社会知识，掌握社会技能，建立社会经验，并通过自身不断地选择和建构，形成一定社会所认可的"心理—行为"模式，成为社会成员的过程，这是人的精神成长过程。这个过程离不开个人的学习和阅读，可以是个体积极主动的学习，如自觉接受一系列正规的学校教育，自觉阅读各种各样的书籍；也可以是无意识的潜移默化的学习，如口耳相传的社会经验，许多从未上过学的人就是用"口耳相传"的阅读方式实现了自己的社会化。正是在此意义上，我们可以说，阅读是实现个体精神成长的唯一途径。

（2）阅读是实现家族持续昌盛的不竭动力。阅读作为一种文化传承与知识习得的方式，历来受到所有家庭的重视。人们常说"言教不如身教"，在全民阅读的今天，亲子阅读已经被越来越多的家庭接受并付诸实践。

2. 阅读满足和谐的社会意义

阅读不仅是个体完善自我、增长智慧的重要途径，而且是国家提高国民素质、推动社会进步的有效工具。建设社会主义和谐社会是中国共产党执政的战略目标。和谐社会的构建离不开和谐的社会环境与共同的价值体系。

（1）阅读是协调社会行为与心理的重要手段。倡导阅读是实现这一过程的重要手段。同时，社会中的人是一个既有个性又有共性的矛盾统一体。对这些规章制度的了解和掌握，无一例外，都离不开阅读。和谐的社会不仅要人与人和谐、人与自然和谐，还要人内心和谐。阅读是通往人内心和谐的桥梁，只有每个人都拥有和谐的内心，整个社会才会呈现出一种和谐的生态。

（2）阅读是培育世界观与价值观的重要途径。文化需要传承，传承需要教育，教育又离不开阅读。阅读滋养心灵，阅读改变人生，阅读改良社会，阅读创造世界，阅读能力也是"生产力"。看来，阅读之于个人和社会的重要意义，怎么强调都不过分。

二、推广的理论解读

推广是指为了增加产品、服务、理念或个人的知名度、引起兴趣、推动销售或实现特定目标而进行的推广或推进活动。它涉及一系列旨在向目标受众传达和说明特定产品或服务的价值、好处或优势的营销活动。

（一）推广的属性

第一，干预性。推广的干预性往往超越"过问"的层级，充当"推广员"角色的人常常直接参与目标群体的行为变革过程，因为推广员本身就是一种以执行干预为目的的职业。

第二，沟通性。沟通是推广、培训和信息传播的基础，是推广工作中的一项重要的、必不可少的活动。沟通需要相互理解，推广的效果取决于团体与目标群体之间互相理解的程度。在推广之前，若能了解受众的期望，倾听他们的意见并加以理解，与他们一起对新的建议进行预试，并注意使用他们已有的知识，让变革行为者（推广员）与目标用户共同解决问题，推广的效果会好很多。

第三，自愿性。推广只有通过自愿变革才能产生效力，推广的逻辑也要求变革行为者必须寻求引导目标用户自愿变革的手段和方式。推广在对知识（知道怎样做）和动机（想要做）上的影响比对能力上的影响要大得多。因为人的能力的养成是一个复杂而长期的过程。正因为如此，现实的推广工作常常在改变人的知识和动机方面着力，在改变能力方面望而却步，从而造成推而不广的情况发生。

第四，公益性、连续性与部署性。推广的公益性、连续性与部署性是确保活动、项目或计划可持续、长期、多环境实施的关键。公益性要解决社会问题，提升福祉，赢得支持；连续性要有长远规划、稳定资金、组织架构；部署性要可复制、适应不同文化、资源和时间。综合考虑这三者，确保推广活动有意义，持续创造价值，适用于各种环境。

（二）推广的目的

推广是一种经过系统设计的，有计划、有程序、有目标指导的活动，具有很强的目的性。推广的目的有两个：①直接目的。直接目的是引发推广行为的动机。推广行为，因传输技术、成果转化、产品销售、行为教育的动机而产生，是推广的直接目的，也是短期目的。②最终目的。推广的最终目的只有一个，那就是引导行为自愿变革。为了实现推广的最终目的，变革行为者需要科学合理地设计其直接目的，并努力使干预目的与用户目的相一致，以实现推广效益的最大化。

推广目的（直接目的）与用户目的的一致性程度是有差别的，通常有以下四种情况：①推广目的与用户目的相同；②推广目的与用户目的部分相同；③推广目的与用户目的相联系；④用户目的能够被转化为适合于推广目的。当推广与其他手段如价格刺激、补贴等结合使用时，会促使目标用户按照推广目的行事，这时推广的力量变得最大。然而，这种力量很明显不是来自推广本身而是来自其他手段。因而纯粹的推广其力量是十分有限的。

（三）推广的功能

现代意义上的推广即推销、传播、普及与指导，是以人为工作对象，将特定的商品如书籍、知识、信息、技术、成果以及文化与公共平台等传播出去，通过改变个人能力、行为与条件，来改变社会事物与环境。因而推广具有个体功能与社会功能。

1. 推广的个体功能

（1）传播知识以开拓视野。推广的个体功能是通过传播知识来增进人们的知识水平。个体在推广活动中可以选择传播科学知识，帮助他人了解和理解科学的重要概念、原理和发现，从而帮助人们更好地了解世界，开拓视野，并激发他们对科学的兴趣和好奇心。

（2）传授技术以提高技能。推广行为首先起源农业领域，传授技术、提高生活技能是推广活动产生的原初动力，也是推广的首要功能。即使是商业领域的推广行为，尽管其每一个步骤可能都存在着促销，但也离不开传授技术这一环节。因为产品的销量仅仅只是推广的间接结果，推广的直接利益结果是要让客户了解产品功能、传授产品使用技术，知晓企业品牌，让消费市场尽快接受产品。

（3）普及文化以改变观念。推广教育、咨询活动可以引导目标群体学习社会的价值观念、态度和行为方式，使得目标群体在观念上也能适应现代社会生活的变化。推广的最终目的是引导人的行为自愿变革。人的行为改变需要经历一个从知识改变、态度改变到行为改变的过程。虽然人的知识改变、态度改变并不一定会带来行为改变，但是人的行为改变了，其知识、态度和观念一定会发生改变。以书籍、知识、信息等为内容的文化型推广尤其具有这一功能。

（4）激励自主以综合运用。推广工作需要通过运用参与式原理激发目标群体的主观能动性，通过广泛的社会教育与咨询活动，使目标群体在面临各种问题时，能有效地选择行动方案；通过目标群体参与推广计划的制订、实施和评价，提高目标群体的组织与决策能力。

2. 推广的社会功能

（1）促进科技成果转化。技术推广是推广的主要内容，也是科技进步系统中极其重要的环节。然而，科技成果是一种知识形态的潜在生产力，要把这种潜在的生产力转化为现实的生产力，需要让广大用户接受它、掌握它，并应用于生产实践中，从而产生一定的经济、社会和生态效益。这种转化是通过推广来完成的。推广效果越好，科技成果的转化速度就越快，质量也越高，生产力发展也更快。

（2）提高生产经营效率。研究、推广和教育是创新的三个核心要素，三者结合形成政策工具，统一为用户服务。用户在改变知识、信息、技能和资源条件后，可以提高生产的投入产出效率。在创新驱动发展的现代社会，农业和工业发展更加依赖于科技成果的推广应用。

（3）改变生活环境质量。推广活动通过教育、传播、服务等工作方式，改变用户对生活环境及质量的认识和期望水平，进而引导用户参与环境改善活动，发展基础服务设施和公共文化事业，以改善他们自己的人居环境，提高生活质量。因此，推广必须同时兼顾经济效益、社会效益和生态效益。

（4）发挥媒介纽带作用。推广具有传递服务和反馈信息的功能。推广过程中，推广者起着联系科研、教育、生产的纽带作用，同时也是政府和目标群体对话的中介人。一方面，通过推广工作可以将政府的发展计划、方针、政策及时准确地传递给目标群体，以确保各项政策的落实和预定目标的实现；另一方面，可以将目标群体的意见、建议和呼声及时反馈给政府部门，为政府部门决策提供依据，增强政策的可行性。

三、阅读推广的构成与原则

（一）阅读推广的构成

阅读推广是一种由机构部署的职业性的有组织的文化型沟通干预活动，以引导具有变革行为者所认为的阅读效用的自愿行为的改变。阅读推广的构成如下：

1. **阅读推广的主体**

从认识论角度的主体概念出发，阅读推广主体是指主动传播文献信息资源、组织参与或策划实施阅读推广活动的承担者，是特定阅读推广项目的策划者、组织者、实施者和管理者。阅读推广主体由于各自的职能、拥有的资源、所扮演的角色不同，以及所启动的阅读推广项目的目的不同，其特点和职能也有所区别。

（1）政府。作为阅读推广的主体，政府具有全民性和权威性，在图书推广中具有明显的优势。政府组织实施阅读推广计划，拥有文化传播主导权。其阅读推广更多地体现为确立政府在文化、社会制度与社会主流思想方面的主导权力，具有一定的强制力。政府制定阅读推广的目标、方向和内容，具有单向指令特点，个体不可随意更改其内容或形式。

（2）图书馆。倡导阅读是图书馆开展社会教育的一个重要方面。图书馆拥有文献信息资源优势和读者服务优势，是倡导和推进全民阅读最主要、最有力的组织者、实施者，是推进全民阅读的重要力量。尽管不同类型的图书馆阅读推广的具体内容、目标和对象有所差异，但是向读者开展相关推广活动、引导阅读是其共同的职责。

不同类型的图书馆可以开展丰富多样的阅读推广活动，图书馆尤其引人关注。图书馆因其服务人群的多样性决定了其阅读推广活动的多样性。同时，图书馆界作为一个整体，致力于整个社会阅读意识和能力的培养，所举办的活动极大地推动了全民阅读开展。

（3）社会组织。除了图书馆界，在阅读推广领域还活跃着大量的社会组织。社会组织是指在自愿基础上为实现某一目标而形成的相对稳定的组织或团体。

（4）读者。将读者作为阅读推广主体的原因在于，网络环境下各种虚拟平台提供了读者推荐、交流和举办阅读活动的机会，读者可以通过推荐心仪图书、分享读书心得、组织小范围读者聚会或社团活动引导其他个体阅读，读者也是家庭和社区阅读推广的重要组织和参与力量。

此外，大众传媒和出版等机构以及医疗组织也是阅读推广的主体。

2. **阅读推广的客体**

阅读推广客体是指阅读推广机构向用户推广的是什么，它是阅读读物和阅读目的的结合。

（1）阅读读物的选择。从全球范围看，阅读推广的读物不仅仅限于图书等传统出版物，电影、音乐、游戏、网页等都属于推广的范畴。面对这种情况，我们更需要加强阅读推广，让读者选择到好的读物。

（2）阅读能力的提升。早期的阅读推广侧重阅读能力的培养，但现在除了关注阅读能力外，还关注阅读意愿的培养，即提升民众的阅读兴趣。

(3) 阅读兴趣的培养。兴趣是人们力求接触、认识某客观事物的意识倾向性。阅读推广所要注重的兴趣，是影响读者阅读心理和行为的兴趣，即对图书文献的阅读兴趣。

(4) 阅读习惯的养成。图书馆要以各种形式吸引青少年、儿童走进图书馆，激发他们的阅读兴趣。经过分析研究和实践检验，图书馆阅读推广活动的重点目标人群应放在儿童及青少年身上，在读物推荐方面应该是经典读物与数字读物并重，并适当考虑阅读推广中的时尚元素。

3. 阅读推广的对象

阅读推广的对象，即阅读推广项目的目标群体。

(1) 阅读推广对象定位明确。只有准确地定位目标人群，所做的推广才是有效的，这一点在做专题性的阅读推广时显得尤为重要。

(2) 进行阅读推广的市场细分。为了使阅读推广工作更具针对性、效果更显著，在开展阅读推广工作时，要根据读者特征进行群体细分，并针对不同群体制定差异化的阅读推广策略，这是提高阅读推广效率的一种有益尝试。读者阅读需求的差异性是市场细分的客观基础。阅读推广要在读者细分的基础上，对不同的读者对象设计不同的阅读推广内容，采用合适的阅读推广策略，策划特色的宣传品牌。通过划分有意义的读者群体，策划能满足目标读者的活动方案，提供对应图书与读者互动并传递其需要的价值，最后评估读者满意度及对阅读态度的影响，进而留住读者并不断增加读者，完成整个阅读推广计划。

(3) 以儿童和青少年为重点，兼顾其他群体。从各国阅读推广的开展情况来看，儿童和青少年是重点人群，如果青少年能够养成阅读的好习惯，他们将会受益终身。在社会快速发展和科技不断进步的时代背景下，人们对青少年阅读推广工作的关注度也不断提升，通过有效的推广策略，将青少年阅读作为一项重点工作来开展。

(4) 关注弱势群体。作为阅读推广对象的弱势群体包括老年人、未成年人、残疾人、外来务工人员、城市低收入人群、服刑人员等。鉴于各阅读推广主体都已经将面向未成年人的阅读推广活动作为日常的重要工作，开展的活动也很丰富多彩。针对社会弱势群体的阅读推广应该充分体现平等性、无差别性，能最大限度地满足他们对文化的需求。

（二）阅读服务的原则

1. 社会公益性原则

国家和社会的未来发展都受阅读能力的制约。个体通过阅读能够加强自省、提高自我价值的实现；而从社会来说，阅读有利于知识的普及和延伸学校教育，是个人和社会相融合的一个重要途径。

从全球的阅读推广工作来看,其吸引了大量的政府组织、国际组织、图书馆界以及各个传媒机构和出版机构的参与。而且,作为阅读产品的制造者和销售者,出版和传媒机构是从自身的利益出发来进行阅读推广的,但同时也起到了较好的阅读交流的促进、阅读影响的扩展和阅读读物的丰富化发展等作用。与出版与传媒机构不同的是,国际组织、各国政府以及图书馆界的阅读推广活动的中立性、公益性和客观性更为明确。全球性的文化机构在世界性的阅读推广活动中都发挥了积极的作用,有利于全人类文化素养的提高。

在社会文化传播过程中,图书馆的作用是非常重要的,而且有效地促进了全民阅读的进程。在教育儿童、加速社会发展、扫盲识字和促进社会公平和稳定上来说,民间阅读推广的作用也是至关重要的。

2. 人文价值性原则

阅读推广工作需要以人的阅读主体性为基础来进行,人是进行一切推广活动的前提条件。阅读推广的人文价值需要从以下三个方面进行体现:

(1) 关注人,要培养爱阅读的习惯。从全球范围来看,崇尚人文精神的国家都具有良好的读书习惯。良好的阅读习惯,可以持续促使人们自主阅读,陶冶情操。

(2) 发展人,要培养人人会阅读的能力。推动全民阅读,将古今文学佳作与中外人物传记,根据分众阅读推广和分类读物推荐,分别推广给儿童与青壮年,有利于好书佳作和经典名著的推广和传承。

(3) 尊重人,要保障特殊人群的阅读权益。图书馆的服务以平等利用为基础,不分年龄、种族、性别、国籍、语言或社会地位,为所有人提供。图书馆须为不能利用常规服务和资料的用户,如小语种民族、残障人士、住院人员或被监禁人员,提供特殊服务和资料。

3. 服务专业性原则

近年来,阅读推广发展势头非常迅猛,这是在专业理论和专业人员的共同支持下而产生的。

(1) 从理论的角度来说,之前图书馆学理论并没有很重视和过多地关注这一服务内容,因此在阅读推广理论上来说还是比较缺乏的,所以需要有足够的阅读推广相关的基层理论和实操经验予以支持。

(2) 从实践的角度来说,活动是阅读推广服务的主要形式,而前期调研、内容策划、项目宣传组织实施和效益评估是一项活动的基本环节,这对专业技能人员的要求比较严格。例如,进行前期调研工作时,需要大量的推广人员制作问卷、掌握调查方法并具备统计数据的技能等;进行宣传工作时,要对宣传途径以及宣传效果进行把握;实际实施时,需要能够顺利完成分解任务、组建团队以及安排进程等任务；之后还要具备分析和挖掘数据、整理和收集资料等效益评估能力等，如此才能使得活动顺利展开。

一般而言，一个具有职业精神的人最基本的条件就是具备创新能力、社会资源调动能力以及工作自主性等，而这也需要通过一定的努力才能获得。所以，只有对阅读推广人才进行评估、激励以及培养，才能更好地促进阅读推广服务的专业化发展。为了凸显阅读推广活动的高度专业性，中国图书馆学会也开展了"阅读推广人培育"活动。

第二节　人工智能时代高校图书馆阅读推广服务模式

阅读推广活动既是对于全民参与的重大政策举措，又是高校图书馆发展的核心任务之一。将人工智能技术更好地应用于阅读推广之中，能够提升阅读推广的针对性和精准度，从而提高阅读推广的效率。

一、人工智能的技术赋能及社会意义

人工智能（Artificial Intelligence，AI），是利用数字计算机或数字计算控制的机器进行模拟、延伸和扩展的智能，感知环境、获取知识并使用知识获得最佳结果的理论、方法、技术及应用的系统。人工智能时代高校图书馆阅读推广研究中的人工智能技术所起到的作用，也就是机器模仿人类获取知识、并使用知识获得最佳结果的理论、方法、技术及应用系统。

人工智能（AI）以人类的感知体系、思考体系和行动体系为核心架构，在促进新的主导技术范式出现的同时，将导致国家综合国力平衡的新变动，是国际竞争的焦点。人工智能时代下，AI赋能是指被赋能行业积极借助或协同人工智能共同发展的活动过程。AI赋能并不局限在人工智能领域，强调的是发展方式和发展主体伴随人工智能引入的新变化。AI赋能发展也不同于传统意义上的技术发展或数字发展。AI赋能高校图书馆不仅催生了全新的阅读推广的实践问题，也从根本上挑战了图书馆传统阅读推广模式。基于人机协同，通用AI赋能将会自动实现对高校图书馆阅读推广。此时，通用人工智能不仅是技术工具，更是技术伙伴，可以加速推广进程并提升推广质量。

（一）人工智能的技术赋能

人工智能是计算机科学的一个分支，它企图了解智能的实质，并生产出一种新的能和人类智能一样，采取相似的方式做出反应的智能机器，机器人、语言识别、图像识别、自

然语言处理和专家系统等都被包含在内。人工智能从出现到现在为止，理论和技术都逐渐趋向于成熟，实际应用范围也不断扩大，我们可以想象得到，未来由人工智能所带来的科技产品，毫无疑问会成为人类智慧的结晶。

第一，大数据。大数据，我们通常称之为巨量数据资源，指的是一个企业只有不断采用全新的数据处理技术方法，才能同时具有较强的商业洞察力、决策力和将海量资源进行优化的综合能力。也就是说，从不同类型的大数据中快速地分析获得一些有价值的数据信息的能力，这就是我们所谓的大数据分析技术。而且这些大数据已经逐渐成为推动人工智能技术水平不断升级与技术进化的重要技术基础，拥有了这些大数据，人工智能才可以真正通过持续地进行新的模仿性演练，向着真正的高端人工智能发展方向快速靠拢。

第二，计算机视觉。从字面上来看，计算机视觉就是要求计算机具备像人眼一样观察和识别的技术能力，往深层次来看，就是要求我们利用摄像机和计算机等电子设备代替人眼直接对目标物体进行观察、跟踪和测量，并进一步地做出图形化的信息处理，使得电脑处理的图像更加适合于人眼的观察或者将其传递到仪器上进行检测。

第三，语音识别。语音识别技术指的是一种可以让机器通过识别与理解，把语音识别信号转化成为相对应的语音文字或者语音命令。语音识别技术的主要研究应用领域包含了特征提取、模型信息匹配应用准则和语音模型技能培养等三个组成部分。语音识别技术是目前实现人机交互的重要基础，主要解决了目前机器人无法清晰听见和接受信息的困境。目前，语音识别技术是人工智能领域实现技术落地最为成功的技术手段之一。

第四，自然语言处理。自然语言处理主要由自然语言理解和自然语言生成两个组成部分，为了让机器理解人类的语言，实现人类与机器的无障碍沟通，就必须使得计算机在了解自然语言文本意义的同时，还要对自然语言文本表达的意图进行理解。基于计算机信息科学技术研究和人工智能科学研究领域的快速发展，自然语言处理被广泛认为是非常重要的学术研究方向。自然语言处理的最终目标之一就是将其用在人类自然语言和其他计算机之间直接进行信息通信，使得现代人不仅能够充分利用自己最为习惯的自然语言方式去进行学习和灵活运用各种计算机，还无须再额外花费大量的研究时间和精力去学习其他不自然和不习惯的语言。从企业应用来看，具有自然语言处理接口功能的企业已经在国际市场上大量出现，典型的应用案例主要包括有：企业采用大型多语种论文数据库和专家系统自然语言处理接口、各类型机器译码处理系统、全文化信息资源检索系统、自动化的文摘处理系统等。

第五，机器学习。机器学习就是一种要求机器人具备像人一样自动进行学习的能力，专门对计算机如何模拟或学习人类行为做研究。人工智能发展的理论基础和技术核心就是获取新的知识或技能，重新整合利用人类已有的知识框架，使其不断地发展提高和不断改善自己的技术性能，机器学习在各个领域已经有了非常广泛的研究应用。

(二) 人工智能的社会意义

人工智能的快速发展和广泛应用给社会带来了翻天覆地的变化，改变了人类以往的劳动、生活、交往和思考等方式，能够从根本上给人类的生活带来便利，这就是研究人工智能的实际意义。人工智能的研究价值主要有五点体现，具体内容如下：

1. 改变行为方式

人工智能首先会改变人们的行为方式，而人们行为方式的变化主要有以下四个方面：

(1) 改变劳动方式。目前，人工智能已在工业、农业以及物流等领域被广泛应用，人工智能改变了过去传统的人力劳动生产方式，由人工智能机器人代替人类的体力劳动甚至部分脑力劳动，实现了生产、工作自动化和智能化。

(2) 改变生活方式。现在，人工智能已经渗透到人们生活中的各个角落，为人们的生活提供方便。如手机智能语音助手，不仅能够自主订酒店，还能根据用户的使用习惯创建快捷指令。另外，如遇到语言不通的情况，人工智能的语音识别技术就能解决这个问题。例如科大讯飞的翻译机，它不仅支持几十种语言翻译功能，满足用户的不同需求，还能翻译国内多种方言，实现跨地区无障碍交流。

(3) 改变交往方式。人工智能使得交通更加快速便利，沟通交流更加快捷方便。在未来，借助智能交通工具，普通人也可以去以前因地理条件限制而无法到达的地方，行程时间也进一步缩短。智能翻译系统和智能手机等通信工具让人们可以突破时空的限制，实现无障碍的实时沟通和交流。

(4) 改变思考方式。人工智能会改变人们的思考方式，遇到不懂的就在网上用搜索引擎查询，这使得人们越来越依赖于智能搜索引擎，而不再去主动思考和探索，对资料工具书的依赖程度也有所减少。虽然如此，人工智能也让人类的视觉、听觉等感官范围大为拓展，使得人们认识和感受到以前从未接触过的世界，这必然导致人们传统固有的思维观念发生改变，推动思想的启蒙和解放。

2. 改变社会结构

人工智能机器人的发明和诞生将改变社会的层次结构，主要表现在以下三个方面：

(1) 社会结构越来越简化。人工智能是社会发展与进步的必要因素，给社会管理提供了便利。它采取公开公正的智能管理模式，也有利于人类文明的进步，使政府的社会管理能力和效率更强。人工智能在公共政务服务领域的应用越来越广泛，如智慧政务服务自助终端机。通过自助终端智能刷脸或身份认证，实时查询近两百项审批事项的进度，办理社保、医疗、教育和养老等公共服务和便民服务事项，从根源上解决了人们的空间和时间限制问题，切实履行了让"数据多跑路、群众少跑腿"，让人性化的服务落到实处。

智慧政务一体化的出现简化了群众办理政务的步骤，极大地节约了群众办事的时间，真正实现了"简单事情简单办"，同时也可以提升政务服务中心人员的服务品质和形象。

（2）提升社会治理的水平。借助人工智能平台能够提高社会治理的水平，所以人类作为社会治理的主体管理者，要学会与人工智能相处，并适应不断变化的治理模式和管理结构。为了进一步提升社会治理的公平公正，让更多的人民群众参与进来，在社会治理过程中，可以借助人工智能更快的数据计算能力为管理决策者提供更多的科学依据。与此同时，人工智能也促使了政府职能的转变，使得社会治理向智能化方向发展，推动政府公共服务面向全体人民群众。

（3）创新与改变社会关系。社会关系不仅仅是指人与人之间，还有人与社会物质或者社会环境之间的交流互动，以及获取资源、实现社会价值的过程。

人工智能让人与人之间的交流不再依靠面对面或者书信的方式，通过优化移动通信方式、各种社交媒体和虚拟网络等方式，为人类打造更加开放透明、更加信用安全的社交环境，满足了飞速发展下信息科技时代的人性化需要。

3. 推动经济发展

科技的进步是影响产业结构变化的主要因素之一，而人工智能技术的发展会带动产业结构的优化和升级，成为经济增长的重要推动力。

（1）推动传统产业的发展。人工智能具有强大的创造力和增值效应，它能够实现传统产业的自动化和智能化，从而促进传统行业实现跨越式的发展，对行业趋于多元化发展具有重要意义。例如，人工智能与传统家居的结合，促使了智能家居的产生；人工智能与传统物流的结合，形成了智慧物流体系。

（2）创造新的市场需求。人工智能带动了产业的发展，也相应地会出现新的消费市场需求。随着人工智能技术的深入发展和广泛应用，生产出许多新的智能产品，如智能音箱、无人机以及智能穿戴等，从而刺激了消费需求，带动了经济的发展和增长。

（3）产生新的行业和业务。人工智能的兴起和发展产生了一批新的行业和业务，对产业结构的升级产生了重大的影响，改变了产业结构中不同生产要素所占的比例，推动了产业结构的优化和升级。现在，人工智能已然成为各大企业巨头的重要发展战略。人工智能虽然会取代部分劳动力的工作，但是也会产生一大批新的职业和岗位，为人们提供新的就业机会。

4. 推动企业发展

除了生活和教育方面，人工智能在企业管理方面也发挥着一定的作用。

（1）降低绩效管理成本。绩效考核是企业管理中的一个非常重要的环节和组成部分，人工智能的发展为企业的绩效考核管理提供了新的技术和方法，如指纹考勤打卡、人脸识别打卡、智能打卡机器人以及软件打卡等。通过人工智能技术能够避免人为因素的干扰，使企业绩效考核更加客观、公正，提高绩效管理的效率。近年来，企业已经有利用智能打卡机器人来进行通勤打卡、绩效考核的应用案例了。通过摄像头扫描人脸信息，并与企业系统储存的员工信息和数据进行对比，识别身份后，会在机器屏幕上显示员工的信息，如名字和工号。不仅如此，它还会对该员工进行语音问候，比如"某某，早上好""下班了，您辛苦了"。这样不但显得非常人性化，而且降低了人工成本。

（2）降低企业生产成本。降低生产成本是企业增加利润的手段之一，因为人工智能机器设备可以取代人工从事那些简单重复性的流水线作业，所以可以直接降低员工雇佣成本。这样还能避免员工因个人因素而导致的工作失误，影响企业生产，提高生产效率。基于这些好处，各大企业生产厂家大力引进人工智能生产设备，推行自动化生产。

（3）降低企业人工成本。在互联网企业中，通过人工智能技术开发出人工智能客服，可以实现24小时在线，节约人工客服成本。人工智能客服能够根据用户的问题自动为其匹配生成最佳的答案，解决用户疑问。

除了人工智能客服以外，无人仓也是企业利用人工智能技术降低人工成本又一新的举措，如京东的无人仓，通过无人仓中的智能控制系统使无人仓的仓储运营效率达到传统仓库的10倍，实现了无人化、数字化以及智能化的目标。

5. 促进内容升级

从广告内容的优化到更有价值的数据，再到提高预测的把握，人工智能将逐渐渗透到市场营销领域中，并带给其可喜的发展变化，为营销创造一片全新的天地。

（1）内容的优化。当人工智能被引入营销领域时，该领域内的各方面都将围绕人工智能发生改变。特别是营销的基础——广告内容，更是在人工智能的指导和帮助下助力营销更快实现。众多媒体开始引入人工智能进行一般文案的撰写，这同样意味着人工智能的功能有了重大提升。

（2）更有价值的数据。在瞬息变化的市场上，大数据和人工智能的融合应用已经成为主流趋势，是市场营销发展的重要支撑。在这一融合趋势中，人工智能是大数据利用更有效、更有价值的基础。人工智能使大数据更有效，主要表现在两个方面：一是目标客户的细分，二是内容的精准推送。后者是前者的最终表现。

（3）打造个性化营销。在人工智能的引入过程中，文案的写作一方面凭借其智能化提升了写作效率；另一方面又在其帮助下，利用海量数据准确获知消费者需求，创造了更具个性化的营销内容,使得营销效果更佳。

二、人工智能时代高校图书馆阅读推广的必要性

(一)适应时代的必然选择

人工智能已经成为现代信息化社会发展的必然趋势,随着 5G 的快速发展,数字阅读领域的云服务、云书店等新场景不断涌现。阅读的发展离不开阅读推广带来的作用,在人工智能技术活跃于各行各业的背景下,高校图书馆要想在社会公共文化事业中提升自身的影响力与竞争力,就必须在阅读推广活动中合理引入人工智能技术。

人工智能时代,图书馆必将成为未来几年我国国家图书馆管理行业健康发展的一种重要趋势。高校图书馆应该顺应国家图书馆的发展趋势,紧跟国家图书馆的脚步,通过人工智能技术来创新阅读推广模式,进一步扩大阅读推广的范围,延伸阅读推广渠道,让更多的师生参与到丰富多彩的阅读推广活动当中,弥补自身阅读资源不足的问题,进一步对高校资源进行整合,满足师生不同的阅读需求。总而言之,未来数字化信息技术势必会进一步发展,高校图书馆只有适应这一趋势,转变服务模式以及管理模式,才能更好地赢得师生的好评与肯定。

(二)高校图书馆的内在需求

在高校图书馆阅读推广活动中,人工智能技术有效地突破了文化在地域、时空等方面的局限,多种多样的阅读推广形式激发了读者的阅读兴趣、提高了读者的阅读效率,AI 赋能高校图书馆阅读推广,将静态阅读转变为生动的数字阅读,能够增强读者的体验,减少知识在传播过程中的损失。另外,人工智能技术能够获取用户数据和用户行为,并对用户行为进行分析,从而能够根据读者喜爱进行阅读推荐,提高阅读推广的精准性,实现个性化阅读。

作为阅读推广的执行者,高校图书馆应在智能技术的支持下逐步拓宽阅读推广的范围,并赋予高校图书馆更多的社会公益功能。在人工智能技术的支持下,高校图书馆阅读推广对象可以独立构建学习单元,进行基于主题的查询学习,将阅读场所和阅读时间扩展到任何边界,从而打破了高校图书馆仅为自己的人员提供服务的情况。智能阅读库更加关注用户的亲身体验,拓宽了知识来源,探索了多样化的阅读模式。

三、人工智能时代高校图书馆阅读推广服务内容与模式构建

（一）人工智能时代高校图书馆阅读推广服务内容

人工智能时代图书馆阅读推广服务模式需要高校资源、阅读空间和读者共同组成。在阅读推广服务实现上须实现高校资源场景化、阅读空间场景化及读者与阅读推广服务交互化。

1. 高校资源场景化

高校资源场景化是图书馆阅读推广场景化服务实现的重要一环，场景化服务内容包括文献信息共享服务、主题读物推荐服务以及知识资源加工服务。

（1）对于文献信息共享而言，需要对图书馆包含的文献资源信息组织、设计、揭示，尤其对图书馆在数字操作界面与操作系统展现出的文献信息形式重新布局与优化。对文献信息展现形式的设计须包括读者、情景、内容，能以用户便于理解的方式呈现，并能满足用户多维度共享需求。

（2）对于文献信息资源的深度挖掘及重新组合加工能对文献资源深层次、多样化揭示，可以使场景化内容呈现更丰富。

（3）对于主题推荐服务而言，需要围绕读物的内容、作者、年代及音视频相关资源，以故事化场景方式向读者呈现，还可通过故事互动环节使读物与读者深度关联，进一步加强读者对读物的理解与认知。

（4）对于知识资源加工服务而言，要将图书馆高校资源与其他来源的知识资源混合共享或是对内容深度加工，使不同种类知识资源产生新的关联，具有新的含义，便于读者拓展知识。

2. 阅读空间场景化

阅读空间场景化包括沉浸式阅读场景、阅读氛围及阅读社交场景。沉浸式阅读场景须图书馆全面应用智能 AI、新媒体工具、移动 App 根据读者兴趣开发不同的数字阅读界面，应用数字显示工具在实体阅读空间对数字阅读资源全景化显示，并依靠短视频及视觉显示终端开展主题多样的阅读推广服务活动，全面丰富读者的阅读感知。

在阅读空间营造氛围需在知识推荐、主题读物共享方面加入交互性、娱乐性主题与内容，依靠智能 AI、数字工具在虚拟空间映射不同的场景来加强读者的阅读感知，使读者沉浸其中。在阅读社交场景方面需以社区系统将阅读内容、主题读书活动、课程、读者全面

畅联起来，可借助移动 App 或微信公众平台搭建起类似"樊登读书会"①式的阅读交流社区，依靠智能 AI 在读者交流过程中塑造不同的互动场景，并有针对性地向读者推荐数字阅读资源，使阅读社交场景内容更加丰富。

3. 读者与阅读推广服务交互化

读者与阅读推广场景化服务交互化主要表现在读者与高校资源交互、读者与阅读场景交互、读者与图书馆智慧系统交互等方面。读者与高校资源交互是读者下载获取高校资源过程中，图书馆面向读者的读物推荐、知识推送、宣传普及都要以读者为中心，要让读者参与到资源建设中，并让读者对高校资源场景化服务评估打分，形成反馈建议，调整服务内容。读者与阅读场景交互是根据读者兴趣习惯量身打造阅读场景，让读者依靠场景化服务在认知、学习、知识获取方面得到全方位满足。读者与图书馆智慧系统交互是通过语言指令、行为动态、面部识别使用智能系统进行文献检索、知识共享，依靠智能 AI 帮助读者解决问题，提高读者的服务满意度。

（二）人工智能时代高校图书馆阅读推广服务模式的构建策略

1. 精准分析用户个性化需求，智慧匹配阅读推广场景

图书馆阅读推广场景化服务要以用户个性化需求为中心，应用智能 AI、情景感知、动态识别技术，感知用户的动态需求、场景服务需求，建立起以用户个性化体验为中心的场景化阅读服务。

情景感知、动态识别能在保护用户隐私数据的前提下，对用户潜在阅读需求深度挖掘、精准识别，针对用户的阅读喜好、社交习惯、行为偏好为用户量身打造场景化阅读服务方案。高校图书馆应用智能 AI 预测用户的场景服务需求，融入音频、视频、3D 图像、全息投影等阅读资源，为用户量身打造阅读服务场景，进一步提升用户的阅读推广服务体验。

2. 推进数字阅读资源交互式建设，智慧融入多样性资源

当前，高校图书馆应用智能 AI 技术，采集与获取高校资源，扩充图书馆数字阅读资源种类，丰富数字阅读资源内容，是图书馆阅读推广场景化服务开展的基础性要求。

高校图书馆依靠智能 AI 建立数字阅读资源智慧采集机制，针对网络空间中的文字、视频、音频等在内的多种高校资源及热门的对话小说、有声读物、原创作品筛选引入，进

---

① 原樊登读书会，现更名为樊登读书、帆书，是上海黄豆网络科技有限公司旗下品牌。帆书为用户提供书籍精华解读、精品课程、学习社群等知识服务。核心产品书籍精华解读用 1 小时左右帮用户讲解一本好书，辅以音频、视频、图文、思维导图、同名课程、同名训练营等多维度巩固内容。帆书业务包括原创内容生产、出版合作、线上直播电商和线下书店。

行资源融合与知识加工，按照数字阅读资源的种类、主题、内容分布式存储，根据用户场景服务需求智慧推送，使用户在阅读场景沉浸过程中按照个性化需求智慧共享数字阅读资源，形成用户认知与场景化服务协调匹配的智慧服务机制，增强用户的参与黏性。

3. 搭建AI智慧服务平台，提供多类智慧交互渠道

图书馆阅读推广智慧服务平台是阅读推广与用户互动交流的虚拟空间，是为用户提供数字阅读场景化服务的智慧支持平台。图书馆将数字阅读App、移动阅读服务平台、微信阅读小程序、智慧阅读终端融入智能AI系统，建立满足多学科、全领域的智慧服务平台。图书馆借助阅读推广智慧服务平台通过微信、微博、移动社交端口、数字移动服务端口为用户及时推送阅读资源，根据用户操作习惯设置便捷的数字操作界面，通过引入语音交互、社区系统、互动平台面向用户建立深层次的阅读社交服务网络，为用户提供多层次的阅读交互渠道，使用户依托阅读社区双向互动、深度交流，在虚拟空间营造良好阅读推广场景化阅读氛围。

4. 深度整合服务要素，提高场景化服务能力

图书馆作为阅读推广场景化服务的重要主体，须对各类场景化服务要素深度整合，在保障各类数字阅读资源深度聚合的前提下，创新服务方式，打通线上和线下场景服务，借助线上线下互通联动的阅读推广宣传机制引导用户积极参与。图书馆应用智能AI建立与高校、科研机构、档案馆、博物馆深度联通的高校资源共享机制，在保障各类高校资源交互共享的基础上，使阅读推广场景化服务有充足的资源支持。同时，图书馆还要注重服务能力建设，针对阅读推广场景化服务内容、服务模式、服务理念、服务路径面向馆员定期开展培训与教育，使图书馆员服务理念和专业技能及时更新，具备与图书馆阅读推广场景化服务相契合的素质与能力，使图书馆阅读推广场景化服务效能进一步提升。

第三节　低成本智能图书馆让阅读立体化

图书馆成本主要包括馆舍建设费用、设备的投入和维护开支、人力资源管理以及读者从图书馆获取资源所付出的时间等成本，狭义地说，就是一个图书馆维持正常开馆所需一切费用的总和。从发展趋势上，这些属于物质形态的成本必将有增无减，图书馆只有利用现有资金，通过加强成本核算，节约人力、物力、财力，增加服务时间，购置具有本校特色的专业书刊，竭尽所能保障读者对信息资源的需求，才能最大限度地提高图书馆的服务质量和服务水平。

近年来，随着科技的迅速发展，智能图书馆逐渐走进人们的生活。低成本阅读推广是未来我国图书馆阅读推广的发展趋势，低成本阅读推广是在付出较少时间、资源、人力等成本的情况下取得良好的阅读推广效果。低成本智能图书馆作为其中的一种创新形式，给人们带来了更多便利和机会，使阅读体验变得更加立体化。因此，低成本智能图书馆让阅读立体化措施如下：

第一，充分利用政府资源和社会资源。①利用智能图书馆现有资源，通过书屋内容的精准化配送、个性化定制等经验做法，为我国图书馆智能化的发展和低成本阅读推广提供重要的借鉴。提高智能图书馆利用率，借助文化服务触角的延伸，在不增加农家书屋服务成本的条件下，打通了群众阅读的"最后一公里"。②利用社会资源，利用集装箱改造而成，或者采用可移动结构，使得图书馆可以更加快速地在各个社区中建立起来，为人们提供便捷的阅读服务。

第二，低成本智能图书馆的智能化技术为阅读体验增添了更多的乐趣。传统图书馆的阅读方式主要是通过人工管理和借还书籍，而智能图书馆采用了先进的自动化技术，如自助借还书，无须人工干预。同时，智能图书馆还可以根据读者的兴趣和阅读记录，推荐相关的图书和资源，提供个性化的阅读建议，让阅读变得更加有趣和丰富。

低成本智能图书馆的另一个亮点是其数字化资源和虚拟阅读环境的建设。除了传统的纸质图书外，智能图书馆还提供了大量的数字化资源，包括电子书、在线期刊、数字音频和视频等。读者可以通过智能终端随时随地访问这些资源，无须限制时间和空间。此外，智能图书馆还可以创建虚拟阅读环境，通过虚拟现实和增强现实技术，让读者仿佛置身于图书馆中，与书籍和文化进行互动。这种立体化的阅读体验让人们更加沉浸于阅读的世界中，激发他们对知识的探索和研究的兴趣。

第三，低成本智能图书馆可以与其他教育和文化机构进行合作，打造更加丰富多样的阅读活动。通过与学校、博物馆、艺术机构等的合作，智能图书馆可以组织各种讲座、展览和文化活动，丰富读者的阅读体验。这种跨界合作不仅可以提供更多的学习机会和知识分享平台，也可以促进不同领域之间的交流与合作，推动社会的全面发展。

第四，拓宽网络推广平台。在互联网时代，图书馆面临着读者群被移动新媒体分流的危机，应利用微博、微信、QQ、App、社交软件等新媒体进行阅读营销，吸引读者到馆进行细读、品读和精读，提高馆内纸质图书的利用率。

第五，挖掘图书馆员的潜力。阅读推广工作属于（图书馆）具有主动介入特征的服务。读者渴望多样化、饱含热诚、有激情有温度的阅读推广活动，这需要智能图书馆员以主动介入的姿态做好智能图书馆服务工作，个人和集体形成互补和对接。一线图书馆员自主参与和执着的努力中蕴藏着无穷的力量，会使智能图书馆的阅读推广工作更具有持久的生机与活力。

第六，开发志愿者资源。为缓解人力成本压力，我国智能图书馆也尝试利用志愿者来降低成本，智能图书馆应加强志愿者服务宣传，完善志愿者长期招募体系，重点提升志愿者和潜在志愿者对图书馆阅读推广活动的认同感，使其产生对图书馆工作的归属感；图书馆应建立志愿者档案，完善志愿者长期和短期培训计划，构建志愿者培养和管理体制，进一步提升志愿者的阅读推广活动服务水平，以及等同于图书馆员的专业素养，并帮助志愿者实现自身的品质提高，达到图书馆和志愿者双赢的目的。

总之，低成本智能图书馆通过其低成本、智能化、数字化和与其他机构的合作，为人们带来了立体化的阅读体验。它不仅提供了便捷的阅读服务，还激发了人们对知识的渴求和探索的热情。相信在未来，随着科技的不断创新和发展，低成本智能图书馆将在更多地方落地生根，为人们带来更多的阅读乐趣和启迪。

第四节　打造智能而有序的公共阅读场所
——图书馆自动化建设

一、自动化设备适应时代的发展趋势和变化

科学技术飞速发展，"图书馆作为日常生活中不可缺少的一部分，其自动化管理也随着科学技术的不断发展而不断改善，以便更好地为读者提供服务，进而提高图书馆相关管理人员的工作效率"①。随着自动化设备的产业化、集群化发展使得这样的问题迎刃而解，一大批专注于设计、生产图书馆自动化设备的厂家如雨后春笋般出现，市场化的竞争为图书馆提供了多种多样的选择，也使得各个自动化设备供应商做出更先进、技术更新、与"互联网+"关系更紧密的设备。

此外，令人瞩目的模块化设计理念的面世对图书馆自动化设备的应用也具有深刻的影响，不仅能够根据图书馆自身的需求定制专属的配置，也能够在未来加入更具特色功能的模块，还能够在某些模块即将被社会淘汰时，能够轻易地用具备更优异性能的新款模块替换它。例如，图书馆的远程智能信息发布系统就可以看作是一个开源的模块化结构，其工作模式就是"管理站—核心服务机—发布点"，我们可以在管理站加入远程移动端操作模块，通过手机就可以发布信息，或者加入影像摄入模块实时播放图像；另外，或许几年前

---

①李若梦. 人工智能新时代下图书馆自动化工作创新路径探析［J］. 信息记录材料，2020，21（06）：54-55.

发布点设置的设备是一块小电视屏幕，现在就可换成触摸屏幕，再过几年说不定就可以用上全息投影设备了，这比起用不了多久就需要更换的较为老式的信息发布系统，优势不言而喻。从另一个角度来说，模块化设计可以使图书馆节省出大笔资金，提高了效费比，避免了新设备投入使用的一系列较为烦琐的程序，加快了自动化设备的更新效率。

二、图书馆自动化设备的组成

第一，图书标签。RFID 标签是一种带有天线、存储器与控制系统的无源低电集成电路产品，可在其中的存储器晶片中多次写入及读取图书、媒体资料的基本资料，用于图书和多媒体光盘资料的标签辨识。

第二，RFID 读者证。RFID 读者证用于图书馆读者身份标识，通过 RFID 的非接触识别特点，可快速方便地识别读者信息，通过内部加密规则确保读者信息安全。

第三，安全门。安全检测门是对粘贴有 RFID 标签的流通文献进行扫描、安全识别的系统设备，用于流通部门对流通文献的安全控制，以达到防盗和管控的目的。通过声光报警的模式对非借阅状态的文献资料实行检测，确认该文献资料借阅状态。

第四，标签转换站。该设备需要与图书馆现有的 PC 设备连接，RFID 标签转换设备是实现传统条码文献向 RFID 转化的基础加工设备，该设备通常用于图书采编部门，通过标签加工设备将文献信息写入 RFID 标签，并将 RFID 标签粘贴于文献资料，实现文献资料 RFID 初始加工，同时具备卷装标签固定装置，实现标签的自动剥离。

第五，馆员工作站。RFID 馆员工作站用于对流通的 RFID 流通文献进行管理，设备以 PC 机为基础、集成 RFID 读写装置，可根据需要集成设备提供接口与图书现有业务系统对接，实现在现有业务系统上识别 RFID 文献、各种类型读者证卡识别装置、条形码识别装置等设备，对 RFID 标签进行识别和流通状态处理，提高工作人员的流通文献借还工作效率。

第六，移动清点车。移动式清点设备是一种用于图书馆在架 RFID 流通文献信息采集和数据统计的设备，系统自带 RFID 手持天线可快速读取在架流通文献的 RFID 标签信息，通过设备配置的软件实现图书馆在架流通文献的清点、信息采集、辅助上架等功能。

第七，自助借还机。自助借还系统是一种可对粘贴有 RFID 标签的流通文献进行扫描、识别和借还处理的设备系统，用于读者自助进行流通文献的借出还回操作。

第八，分拣系统。为加快图书馆的工作效率，可在还书机模块加设还书分拣模块，执行还书操作时，可按照图书馆预设还书规则，自动将文献归还至指定还书箱，便于工作人员图书分类上架。

第九，办证机。自助办证系统设备是一种通过读入读者第二代身份证件信息从而快速办理读者借阅证的设备，该设备大大提升服务质量、服务效率。

第十，24小时自助图书馆。24小时自助图书馆是集传统图书馆、数字化图书馆和智能化图书馆于一身的"第三代图书馆"，该系统借助现代化的网络技术和智能控制系统，对读者开放借还书操作部分，读者通过操作端实现读者证识别、读者信息查询确认、图书借还及凭条打印操作。设备安装于图书馆馆舍指定位置，可解决图书馆因开馆时间限制而无法在指定时间还书需求。

第十一，电子借阅机。电子书借阅机的使用旨在拓展图书馆电子资源服务层次和服务范围，为读者提供便利性。通过二维码信息传送方式，读者可随心浏览电子借阅终端上的电子文献，可将电子终端上的文献下载到手机终端，随时阅读。

三、图书馆自动化设备的推动作用

计算机技术、通信技术以及网络技术的不断进步，使得人类进入了信息资源高度共享的社会。在这样的大背景下，网络时代的图书馆自动化建设也被提上了重要的议程，增加自动化设备也势在必行。图书馆自动化系统的建立、自动化设备的增多，给图书馆工作带来了深刻的变化。

第一，增加自动化设备有助于推动图书馆的网络化进程。自动化设备促使图书馆借助信息化技术中的计算机、通信等技术，将图书馆中大量零碎、分散的资源整合成一个完整而统一的网络平台，不仅有利于图书馆资源实现网络共享，更有助于广大读者通过该平台汲取文化知识。

第二，增加自动化设备有助于提升图书馆存储能力与图书馆存储书籍需要占用大量地方不同，自动化设备可以使得图书馆通过计算机存储、网络存储的方式，将其书籍文献资源的存储能力无限扩大，而所需占用的地方极小。

第三，增加自动化设备有助于提升图书馆进行统计工作。自动化设备可以及时地将各类数据上传到服务器，为统计部门及时提供各种精确、详尽的统计数据，更加方便地了解读者的需求，便于对图书馆工作的决策和研究。

第四，增加自动化设备有助于图书馆为读者提供便捷的服务。通过自动化设备，读者不仅能便捷地享受图书馆的各类服务，还可以纵观整个资源库，整理出自己需要的资源，对知识的查找和学习更加便捷。

四、图书馆自动化设备的应用建议

第一，转变服务观念，提高自身专业水平。各个图书馆应该结合馆员知识水平以及本馆工作实际情况，制订出定期的教育培训计划，使得馆员能够通过该教育培训计划正确认识到图书馆对于社会所具有的重要作用，并在此基础上促使馆员得以树立良好的服务观念。在图书馆馆员专业能力培训方面，图书馆应该聘请专家对馆员进行计算机、网络通信方面知识的培训，及时学习各种自动化设备的使用方法。

第二，积极宣传，提高读者对自动化设备的认识。设备只有被读者所接受并积极利用才能实现它的最大价值。所以，图书馆应该通过各种方式积极地进行宣传，如官网设置专栏进行功能介绍和使用指导；专门进行专题讲座，并设置体验区，利用理论和实践相结合的方式让读者更加清晰地认识设备。同时，在图书馆的日常工作中，工作人员也应该积极引导读者使用设备完成相关操作，不断提高设备的使用率。

自动化设备展示了图书馆的文化价值，吸引了公众的目光，成就了今天的图书馆。在增加自动化设备的同时，我们也应该重视技术和知识的不断更新，这样才能更好地促进图书馆事业的发展和建设，不断提高和发掘图书馆的深度服务能力，提供便捷、高效的自动化服务，将图书馆打造成为智能而有序的公共阅读场所。

第五节　融媒体时代高校图书馆阅读推广困境与创新

融媒体是充分利用媒介载体的新型媒体，它在人力、内容、宣传等方面进行全面整合，实现"资源通融、内容兼融、宣传互融、利益共融"。它是一个把广播、电视、互联网的优势互为利用，使其功能、手段、价值得以全面提升的一种运作模式，是一种实实在在的科学方法，是在实践中看得见摸得着的具体行为。

一、融媒体时代高校图书馆阅读推广的困境

高校图书馆利用融媒体推动阅读推广，不但能促进高校图书馆实现文献信息资源的价值，而且能增强用户之间的黏性。然而，当前高校图书馆仍存在一些问题。

第一，意识薄弱，融媒体建设起步晚、发展慢。新思想、新技术、新事物如雨后春笋，新事物不断涌现是社会发展的必然趋势。但目前，绝大多数高校图书馆受传统思维方式的限制，融媒体思维意识薄弱，对于利用融媒体推动阅读推广的紧迫性和必要性认识不足，导致融媒体建设起步较晚、发展缓慢。而且，绝大多数高校图书馆的工作人员更为倾向于实体图书馆的管理和服务工作，这就在一定程度上影响了图书馆的融媒体建设。

第二，活力不足，传播平台与内容形式单一。在融媒体快速发展的形势下，社会文化呈多元化发展，人们追逐个性，彰显自我，进一步实现了思想解放，图书馆内部整齐划一的空间布局和传统的运行模式，已经无法满足现代读者的个性化需求。

第三，创新不足，服务功能与类型不够完善。大多数高校师生使用高校图书馆融媒体传播平台是为了节约时间成本，提高学习和工作效率，但由于服务功能与服务类型不够完善，难以解决师生的实际问题。

二、融媒体时代高校图书馆阅读推广创新

融媒体时代的到来给图书馆阅读推广带来了较大的冲击，这既是时代发展之趋势，也有个人及社会因素的影响，沉浸式、自发式的深度阅读，对促进个人的成长及推动社会的发展具有至关重要的作用。

（一）优化阅读环境

在融媒体时代下，图书馆开展阅读推广工作，应当重视馆内的环境搭建与空间布局，在做到窗明几净的基础上，创造温馨舒适的阅读环境，发挥和放大馆内环境的"悦读"功能，提升读者的关注度，让读者一走进图书馆就感到心平气和，心情畅快。

在融媒体时代下，馆内的环境设计与空间布局应着力于"小"处，具体有如下几个"小"：

第一，小区域。放弃开放式的阅读室，将大空间转化为小区域。小区域之间以间隔划分，但并不是完全隔绝，即在保障室内交互性的同时，给予读者更多的隐私空间，小区域相对于大空间来说，更有利于读者自觉保持安静，小区域的阅读场所更容易带给读者良好的阅读体验，空间布局的大与小，明与暗，乃至于色彩、装饰、点缀等，与人体的身心感受遥相呼应，因而在优化阅读环境时，应重点研究当代读者的身心特点。

第二，小主题。在融媒体时代下，社会文化百花齐放，人们的价值观念趋于多元。小主题阅读环境设计的初衷是求同存异，以小而美的主题为读者提供了更多的选择权，满足了读者的阅读需求。

第三，小特色。在优化阅读环境的过程中，图书馆与读者的现实生活，与社会生产，与地方民俗风情等结合起来，使读者既能一心只读圣贤书，也能兼顾家事国事天下事。

（二）完善阅读服务

在融媒体时代下，积极开放馆内藏书和文献资料，吸引读者注意力，各地图书馆在丰富馆藏资源的同时，也要不断完善阅读服务，为读者提供优质的服务，与读者积极互动，及时获取读者反馈，改进阅读服务中的不足。在融媒体时代下，完善图书馆的阅读服务，应在常规服务的基础上，增设一些特色服务，从而提高阅读推广工作的服务水平。

第一，定向服务。图书馆资源丰富，馆员在管理、研究等领域具备专业性。企事业单

位和学校等可通过与图书馆合作的方式,各取所需,实现资源共享。在教学方面,馆内工作人员的参与有利于将图书馆的规范管理理念、方法等引进课堂,从而提升学生自我管理能力。而图书馆与企业的合作,可以从员工的技能培训和知识储备等角度切入,提升企业员工的综合素养,定向服务,优势互补,图书馆也能从企事业单位中获益。此外,定向服务与特定人群的接触,给学生、教师、企业员工等深入接触图书馆提供了机会,为后续的阅读推广奠定了基础。

第二,读者聚会。人具有社会属性,人与人之间会因为相同的阅读兴趣而相互吸引,图书馆应建立读者与读者之间的互动平台,让阅读变得有趣、丰富起来。

(三) 开展实践活动

在融媒体时代下,阅读推广旨在吸引更多的读者参与到阅读活动中。在当前阅读推广活动中,阅读活动应与实践活动同步展开,具体内容包括:①化静为动,通过增加实践活动的趣味性,让枯燥的阅读变得有形有色,精彩纷呈;②引导读者学会输出,学以致用,实践活动的开展增进了读者与读者以及读者与图书馆之间的交流,能够帮助读者在阅读中汲取养分、获取知识;③实践活动的开展帮助读者实现了自我价值,为读者提供了自我展示的平台,实践活动的主题包罗万象。

阅读与读者兴趣合而为一,两者相辅相成,既丰富了读者的业余生活,也让阅读变得妙趣横生。在开展实践活动时,图书馆要及时更新理念,从实际出发,活动主题尽量贴合现实生活,确保活动开展的质量。此外,还可以开展文化之旅活动,挖掘乡土文化资源,在确保安全的前提下组织读者外出游览,如名人故居、博物馆、名胜古迹等,使读者在走访参观中增广见闻。

(四) 逆向阅读推广

融媒体时代下高校图书馆阅读推广工作,应在一般推广方法的基础上进行逆向阅读推广。阅读推广工作要想取得成效,就需要坚持不懈地努力,工作人员进行阅读推广活动,其传播扩散的范围终究有限。因此,在阅读推广中,应当将读者培养为阅读推广的引导者,借助读者的社会关系与活动,实现阅读推广的循环接力。

逆向推广的策略,首先前提是要做好读者调查工作,并根据读者的情况划分类别,采用不同的方式来扩大影响力。具体而言,有一类读者,好读书,孜孜不倦,养成了良好的阅读习惯,每周定期到图书馆借阅图书,他们将阅读作为生活的奖励,乐在其中,怡然自得。对于这类读者,可鼓励其成为阅读推广的志愿者,将阅读的好处和看过的好书等分享给身边的同事和亲友。有一类读者,由于工作或学习需要,经常在图书馆阅读,对于这类读者，可以通过宣传引导的方式，积极鼓励和引导其向周围人群推广阅读。比如，学生经常在图书馆阅读书籍，其家长却不喜欢阅读，可以将学生培养为阅读推广志愿者，一来可以利用周末、节假日等，锻炼学生的口语表达、团队协作等方面的能力；二来也可以吸引其家长养成阅读习惯；还有一类读者，他们在心血来潮之时，喜欢阅读。对于这类读者，应重点培养他们的阅读习惯，让读者发现阅读世界的无穷魅力，从而爱上阅读。

融媒体时代下的图书馆阅读推广工作，读者至上的服务意识自不待言。与此同时，还要尊重阅读推广工作人员，因为真正服务读者的，真正让读者感到温暖的，真正吸引读者的，并非冰冷的机器设备，而是一个个工作人员。工作人员贴心的服务和耐心的解答能切实帮助读者在阅读过程中少走弯路，使其在甄别资源时提高正确性，在阅读过程中获得良好的体验。读者需要互动，需要社交，需要他人的引导与帮助，而这些都离不开专业而细致的阅读推广工作人员。此外，图书馆结合实际情况，提高工作人员的待遇报酬；对工作出色的工作人员给予物质和精神上的奖励，并搭建员工培训平台，确保阅读推广工作人员能在工作中获得更多的培训机会，帮助工作人员提升阅读推广专业技能；制定合理的管理制度，以工作成效为准绳，提升考核的全面性与公正性。

第六节　碎片化阅读背景下高职图书馆服务策略

目前，碎片化阅读发展成为大众阅读的重要方式，碎片化阅读是借助电子书、手机和网络等新型阅读媒介进行的不完整、片段式的阅读方式。碎片化阅读的文字、图像、音频、视频等内容都较为简短和分散，人们可通过休闲零碎时间随时随地阅读个人感兴趣的内容。碎片化阅读由于具有即时性特征，逐渐成为新的大众生活风尚，为用户在比较短的时间内获取大量信息提供了可能。

一、碎片化阅读背景下高校图书馆读者的阅读变化

第一，网络阅读成为读者阅读的首选。网络拥有海量的信息资源，各种搜索引擎的应用便于用户快速查找所需的信息资源，网络阅读也在其中逐渐盛行。网络阅读根据用户阅读偏好，分析用户的阅读兴趣，推荐相关阅读，迎"需"出发，逐步成为用户阅读选择的主流。在信息碎片化的传播过程中，可通过大数据整合读者浏览痕迹，催生阅读热搜点，这种网络阅读的便利性使信息碎片化、分散化的特征更加明显。

第二，移动平台成为读者阅读的主流载体。"互联网+"时代下，新技术普及，移动平台的种类也愈加多样，读者可在移动阅读平台上自主选择阅读内容，读者阅读行为主要

呈现自发性、零散化、片段式等特点。随着读者阅读意识的提升，对阅读的多样性、互动性需求也更加明显。高校图书馆作为高校科研机构知识库，理应成为读者交流学习的工具，优化移动平台，满足读者的多样化信息需求，打造互动交流平台。

第三，"速读"现象明显。随着生活节奏的加快，人们越来越倾向于碎片化阅读，阅读变得越来越追求速度，"速读"也成为碎片化阅读的主要特征。依托互联网，人们可以随时随地进行阅读，"速读"现象更加明显。高校图书馆需对读者的阅读偏好进行搜集与分析，及时推荐读者感兴趣的书籍，引导读者养成从浅度碎片化阅读向深度阅读转变的良好习惯，启发读者全方位深度思考，逐步使碎片化阅读更加深化。

二、碎片化阅读背景下高校图书馆的服务策略举措

在碎片化阅读背景下，读者的碎片化阅读需求促使图书馆拓宽服务领域。在碎片化的阅读环境下，高校图书馆定位应更为精准，可通过开发新技术、提供新系统为碎片化阅读搭建切实可用的传播平台，坚持整体化、系统化服务原则，嵌入图书馆自身馆藏资源，既发挥出馆藏资源优势，又能利用网络平台，引导学生由浅及深地阅读，顺应阅读需求的变化，系统化构建高校图书馆碎片化阅读服务体系。碎片化阅读背景下高校图书馆新举措如下：

第一，丰富自媒体资源。当前绝大多数图书馆不仅仅提供传统借阅服务，高校图书馆还会购置新兴的电子产品，提供丰富的电子资源服务。在"互联网+"时代，学生读者的阅读倾向更多转移到网络媒体上，因此，高校图书馆应时刻关注学生读者的变化，从读者需求出发，甄别自媒体平台，将更有深度、更有教育意义、更有启发的高质量自媒体推荐给师生。

第二，引进新技术创新服务。参与性、互动性、趣味性和社交性是碎片化阅读时代读者典型的阅读需求特征，高校图书馆要顺应这一发展潮流，优化技术手段，给读者提供图文并茂、生动活泼的阅读内容；高校图书馆还须提供一站式高校资源服务平台，把馆藏资源和购置网络资源结合起来，借助社交媒体平台主动推送给师生高质量的碎片信息，为追求新鲜感的读者创造良好的碎片化阅读环境，同时注重在吸引读者阅读兴趣的基础上，配备深层次知识体系引导师生检索和下载，充分调动高校师生由浅入深阅读的积极性。

第三，提升馆员自身素养。在碎片化阅读背景下，图书馆应迎合读者趋新心理，激活读者群体，必须创新图书馆服务，在这一转型过程中，图书馆馆员扮演着重要的角色，需要不断提升自身专业素养，为读者阅读提供专业学科指导，实现馆员隐性知识的共享，提升读者满意度。图书馆要通过学科馆员，采用一种有组织、有计划的深度阅读方式，为读者提供专业化学科知识服务，根据学生阅读兴趣为其推荐相关专业书籍、延长读者阅读时间，帮助读者有计划地深层次阅读，帮助构建专业化知识服务体系。

碎片化阅读是 21 世纪"互联网+"时代下顺应社会发展且深受读者认可的数字化阅读方式，信息的碎片化引发了读者阅读需求的变化，信息技术的进步、快节奏的生活方式等因素使读者阅读方式趋于碎片化。高校图书馆要直面数字化资源建设、碎片化阅读效果难以衡量、读者群体"老化"等方面的新挑战，优化服务策略，精准角色定位，适应读者与时俱进的阅读需求，突破现有服务模式，利用新技术、新平台等多元化的方式进行服务创新，构建统一的高校资源共享平台，为读者提供优质服务，使读者能更好地由点到面整合碎片化阅读，加深读者阅读的深度。

第七节 图书馆资源数字化开发及阅读推广

一、图书馆资源数字化开发

（一）图书馆资源数字化开发形式

对于图书馆的发展以及建设来讲，数字化资源建设工作已经成为图书馆实现可持续发展的必然途径以及重要工具。为了能够更好地适应当前的读者需求，需要基于当前的计算机信息技术，对图书馆所拥有的信息资源进行数字化建设，通过数字化以及电子化处理手段对传统纸质资源进行优化，使得图书馆本身的信息传播媒介得到增加。因为我们当前所处的时代是信息化时代，所以在图书馆进行资源数字化建设，是可以建设现代化的高校资源库，将电子资源的优势充分发挥出来，这也是图书馆未来重要的发展方向，在实际建设过程中，具体的建设形式可以采用以下三种方式：

第一，正规渠道的购买活动。购买活动所指的是进行数字化资源的购买，但是对于图书馆来讲，所购买的数字化资源是比较特殊的，而且所用的价值也比较高，所以许多图书馆在进行数字化资源建设时，都会在正规渠道进行购买，从而提高数字化资源的建设便捷程度，但是缺点是需要花费较高的成本。

第二，自我建设。因为在当前时代发展背景下，社会公共组织也在积极进行现代化改革，所以对于一些图书馆来讲，会自主参与到数字化资源建设工作中，将图书馆主体所拥有的数据资源库优势充分发挥出来，并且逐渐对数字化资源进行完善，这种方法在实际应用时，将会充分发挥图书馆所拥有的计算机信息技术优势和作用，而且能够更好地对图书进行数字化资源的转化。

第三，联合构建方式。所谓的联合构建方式所指的是在进行图书馆资源数字化建设时，规避以上两种方式，在进行数字化建设时所产生的较高成本，加强不同图书馆之间的合作，共同完成数字化资源的数据库建设工作，各图书馆之间进行不同的分工以及合作，从而使图书馆资源数字化建设活动能够得到顺利推进，而且最终实现效益最大化。

（二）图书馆资源数字化开发优化措施

第一，合理的数字化资源选择。因为对于图书馆来讲，其本身所收藏的图书资源是非常丰富的，所以在进行数字化资源建设工作过程中，需要对资源进行筛选。在进行数字化资源选择时，要根据实用性以及针对性的原则，选择合适的资源进行数字化的建设工作。

第二，针对性的高校资源库建设。当前图书馆开展资源数字化建设工作，需要全面朝向信息化以及数字化方向进行深度发展，更好地面向读者群体提供信息化服务。所以，在进行数字化资源建设过程中，需要根据系统化的处理方式，对高校资源库建设过程进行控制，并且建立起专门的数据库系统，强化数据库的检索技术以及检索体验，为读者提供更好的服务。

第三，加强数字化资源的验收。因为在进行数字化资源的过程中，是将纸质资源变成电子化以及数字化的资源，所以资源转化的过程以及最后的结果一定要真实而且准确，这样才能保证数字化资源能够面向读者提供高质量的服务，使人们获取到真实的信息。

二、图书馆资源数字化阅读推广

（一）智能交互：开拓智慧服务新领域

图书馆资源数字化阅读推广服务的实现需要将用户画像、行为偏好算法、智能感知、智能图谱技术融入数字化阅读推广服务平台建设中，结合读者的行为偏好、馆藏资源分布情况、个体数据实时变化情况，应用微信、微博、智能软件、抖音短视频、快手短视频等不同数字媒体平台将热门书籍、新闻资讯、科研信息动态、学术会议、政策信息以不同主题采用分级目录的形式向读者推广，使不同类型数据能够支持多种服务场景，方便读者从多种媒介平台获得数字化阅读推广服务信息。

图书馆资源数字化阅读推广服务平台最大的功能优势是将用户数据与服务场景数据智能整合、智慧分析，将读者群体与数字化阅读推广服务资源以可视化智能图谱方式呈现出来，借助 AI 算法工具将数字化阅读推广服务资源与目标读者群体精准匹配，使读者通过图书馆智能终端、数字端口、媒体平台快速接受推广信息、精准获取阅读资源。

（二）融合创新：打造智慧服务新模式

图书馆资源数字化阅读推广服务借助文本萃取、网络爬虫、交互感知算法，对读者使用数据端口、官方网站、数据资源库、行为轨迹等实时动态数据精准捕捉并转化成结构统一的个体数据集映射于数字服务空间形成"读者数据模型"。

24小时自助图书馆智能服务系统能与读者手机终端智能对接，实现各类数字化阅读推广服务资源高效共享，读者的个性化阅读、知识获取、数据获取、书籍借阅需求因此得到充分满足，使数字化阅读推广服务与读者个性化需求无缝对接，多样化数据融合共享，面向服务区域读者形成智慧服务新模式。

（三）协同深化：营造知识共享新环境

图书馆资源数字化阅读推广服务能针对不同读者的行为特征、动态特征及基本信息标签勾勒出反映读者知识资源获取习惯、书籍借阅习惯的"虚拟生命体"，并且将读者的行为偏好变化、兴趣习惯变化、阅读兴趣、学习习惯、性格特点都描述在"虚拟生命体"上，同时与图书馆知识资源数据库、数字化阅读推广服务平台关联对接，进而从多个维度探究读者的动态变化趋势，使数字化阅读推广服务实时高效地为读者提供知识参考、阅读推荐、数据可视化、知识图谱反馈、协同科研、文献数据共享等数字化阅读推广服务。

第八节 面向"沉浸式"阅读的智慧图书馆个性化信息服务架构

一、"沉浸式"阅读的要点

（一）"沉浸式"阅读的重要性

第一，引导深阅读，培养良好的阅读习惯。"浏览式"阅读给人们带来了便利，降低了人们的阅读思考能力。"沉浸式"阅读的优势就在于它的知识性、系统性和完整性，有利于读者培养深入钻研的学习精神和更好的阅读习惯。

第二，获得愉悦感、满足感，有利于读者的心理健康。"沉浸式"阅读为读者深层次挖掘文献信息提供了途径，提升了读者的阅读体验，使其获得愉悦感、满足感；另外，"沉浸式"阅读能够帮助读者有效梳理文献内容，引发其共鸣，健康的心理是学生完成学业、养成独立人格的基础，高校需要特别注重学生的心理健康问题，现代大学生容易因为学业压力、人际交往困惑、情感问题等诱发各种心理问题，而"沉浸式阅读"有利于读者缓解压力，更容易获得满足感与愉悦感。

第三，提高高校读者的人文素养和综合素质。"沉浸式"阅读内容必须经过慎重筛选甄别，应集严谨、科学、知识、系统、权威等特征于一体。阅读，是人们学习成长的重要途径，直接关系着国民素质的培养及社会文明发展，因此，高质量的阅读，尤其是经典阅读可以提高读者个人修养，传承优秀传统文化，培养人文精神等。

第四，增强读者的黏性，提高读者满意度。图书馆打造的"沉浸式"阅读注重与读者的互动交流，不论是在"沉浸式"阅读开展前，还是在调研读者需求阶段，抑或是在"沉浸式"阅读过程中，图书馆都必须积极参与，引领读者进行"沉浸式"阅读，组织读者进行阅读分享交流，从而促进知识的传播，在"沉浸式"阅读过程中，图书馆、读者和文献之间会形成循环互动，读者在图书馆提供的帮助下，可以更好地体验"沉浸式"阅读，促进文献的充分利用和新文献的再生，丰富馆藏文献资源，图书馆应积极整理筛选文献，为读者推荐阅读书目，推动读者进行分享交流，促使读者在阅读文献的过程中深入思考，并及时整理读者的反馈意见，以此为依据及时改进工作，优化馆藏文献资源结构，图书馆、读者和文献三者之间相互促进、共同进步，形成良性循环互动，有利于读者关注图书馆的阅读推广活动，增强读者对图书馆的黏性，进一步提高读者对图书馆的满意度。

（二）"沉浸式"阅读的影响

第一，明确读者有兴趣的阅读推广内容。引发沉浸体验活动的关键要素是明确的目标和及时的反馈，相关人员要对所开展的活动有明确认识，充分了解其进行的目标和意义；同时还要重视活动的反馈。因此，明确的阅读推广内容不仅能激发读者的阅读兴趣，延长读者集中注意力的时间，还能提升读者的"沉浸式"阅读体验。

第二，阅读任务的难易度及其与读者阅读能力的契合程度。高校读者的阅读能力较高，且对自身阅读需求有一定的认知，读者阅读能力与阅读任务的难易度应该相契合，如果阅读任务比较难，读者就容易焦虑；如果阅读任务过于简单，读者则会感觉枯燥，也无法获得沉浸体验。因此，明确目标读者群体的阅读能力，为其设置合适的阅读任务，是进行"沉浸式"阅读的重要前提。

第三，有效且及时的阅读反馈。在"沉浸式"阅读体验中，反馈即读者对感官使用期待的反应，如果其与阅读目标一致，那么就会提升读者的阅读体验，图书馆为读者提供的各种辅助支持，都能帮助读者无限接近阅读目标，此外，读者阅读反馈出现的时机通常都恰到好处，其在阅读活动过程中的每一个环节都是对上一阅读活动环节的直接反馈。

第四，良好的阅读环境。阅读是一种社会行为，良好的阅读环境会激发读者的阅读兴趣，阅读还具有个体性和社会性。在阅读个体与阅读群体、阅读环境相互作用的过程中，阅读个体会主动模仿阅读群体的阅读行为，而阅读环境、群体阅读氛围、互动交流环节等都是阅读个体进行"沉浸式"阅读体验的重要因素。

(三)"沉浸式"阅读的呈现方式

近年来，图书馆致力于智慧图书馆的研究探索，多功能特色空间的建设也为打造"沉浸式"阅读环境提供了可能。基于"沉浸式"阅读的高校图书馆空间设计必须集资源、交互、体验于一体，朝着多元化、立体化的方向发展。将"沉浸式"阅读环境与高校图书馆阅读推广活动有机结合起来，在环境保障模块，整合推荐与阅读推广活动主题有关的各种专题文献，包括纸质资源和电子资源、有声资源和无声资源、实体资源和高校资源等，读者可以在"沉浸式"阅读空间一站式全面且深入地学习与了解本专题的文献资料，通过阅读文献，看主题展览，赏析相关影视作品，朗诵经典作品，参加真人图书馆活动，分享自己的阅读感受，发表自己的看法、观点，创作个人研究成果、学术作品，通过阅读不断提高自己，完善自己。

二、"沉浸式"阅读个性化推荐服务架构构建原则

传统阅读模式向"沉浸式"阅读模式转变后，新型阅读就是在为读者提供的服务中运用了"沉浸式"阅读情景，对读者提供个性化信息服务尤为重要。在个性化信息服务中，读者的"沉浸式"阅读体验感随着图书馆"沉浸式"情景的变化而变化，进一步导致两者之间信息交互行为的变化。

图书馆的"沉浸式"情景是读者信息行为的支撑。读者的信息除了受其主观意识形态的影响外，还会受到"沉浸式"情景的影响。读者情景、移动情景、资源情景和服务情景四个部分构成了"沉浸式"情景，这四部分有共同之处，但极具个性化的特征仍是在相关情景进行推理后展现出来的。读者与情景交互行为和"沉浸式"情景之间的相互作用，是"沉浸式"阅读情景的个性化信息服务的基础。

"沉浸式"阅读个性化推荐服务架构构建原则如下：

第一，泛在服务。在智慧图书馆环境下，以读者为中心，以向读者提供最佳的"沉浸式"情景服务体验为目标，具有多样化、个性化信息服务支持手段，为读者提供无所不在的"沉浸式"阅读生态系统。图书馆的"沉浸式"阅读生态系统对读者的需求、情景等进行泛在服务，建立适合读者阅读需求的"沉浸式"阅读场景架构并向其推送阅读内容。因此，泛在服务是"沉浸式"阅读推荐系统的设计目标之一。

第二，"沉浸式"情景化推荐。开展"沉浸式"阅读个性化推荐服务的主要依据是读者的情景。读者的情景由读者的位置、时间、客观环境和主观情绪等维度构成，通过传感设备进行收集并及时反馈，从而对读者提供个性化推荐服务。为了保证向读者推荐内容的精准程度，需要对读者的相关信息进行及时获取，然后筛选、存储已获取的信息，建立"沉浸式"阅读情景，并推测读者偏好，运用合理的算法为读者提供推荐服务。

第三，自适应性。"沉浸式"阅读的读者信息需求具有泛在化特征，读者的阅读需求随时间、空间的变化而变化。通过动态感知读者阅读服务需求，实时进行调整，为其提供"沉浸式"阅读情景自适应服务。将读者的情景作为"沉浸式"阅读信息服务的基础，兼顾"沉浸式"阅读模型自适应性和智慧感知的特点。

第四，安全与隐私原则。因"沉浸式"阅读的特点，需要读者与系统交互感知，提供包括隐私信息在内的情景信息。这就需要图书馆的"沉浸式"阅读模型具有较强的保密性，以确保读者在接受个性化服务时保护好个人隐私安全。

三、智慧图书馆"沉浸式"阅读个性化信息服务架构

（一）"沉浸式"阅读个性化信息服务模型的体系结构

依照"沉浸式"阅读情景感知以及智慧图书馆个性化信息服务的过程，将个性化信息服务模型分为五个层次：

第一层：物理感知层，通过 VR/AR 等技术获取读者的情景信息。

第二层：数据处理层，将第一层获取的不成熟信息进行处理，存储准确的信息并构建读者的情景。

第三层：情景推理层，解释、融合和提取读者情景并进行处理，推理到上一层即高级情景。

第四层：信息服务层，通过使用读者情景，经过与"沉浸式"阅读情景的匹配，为读者提供个性化信息服务

第五层：终端交互层，即将"沉浸式"情景感知系统最终达到自适应，并且能够调节各个层级的功能。

（二）基于"沉浸式"阅读情境感知的个性化信息服务架构

1. 基于人机交互理论的"沉浸式"阅读情景获取

关于读者情景的获取，是智慧图书馆通过物理感知层来实现与完成的，也是"沉浸式"阅读个性化信息服务的直接影响因素，因此在获取读者情景后要通过传感器对这部分信息进行转换，确保转换后的信息可以被信息服务系统使用。

"沉浸式"阅读情景感知技术是新型阅读信息服务所应用的一项关键技术，也是信息服务发展的基础平台。读者情景是图书馆为其提供智慧阅读服务的主要数据基础，"沉浸式"阅读情景包含读者阅读的任何行为。在阅读情景中产生的分享、利用和传播信息等，通过相互交互，使读者的阅读行为和阅读情景产生了密切的关系。因此，一方面，阅读情景和读者交互的信息成为图书馆信息服务平台的主要依据；另一方面，图书馆员也可利用

阅读情景与读者交互构成服务情景。

2. "沉浸式"阅读资源情景适配

在"沉浸式"阅读的个性化信息服务中，当智慧图书馆服务平台获取读者的情景后，需要构建"沉浸式"读者阅读情景模型。基于"沉浸式"阅读情景感知的信息服务将读者阅读需求和情绪的情景模型进行匹配后，按照读者的个性化需求为其提供相应服务。

随着人工智能和虚拟现实技术的发展，智慧图书馆的资源情景得到充分运用，提高了读者的阅读体验感，是智慧图书馆服务工作的重点。读者与资源的相关性匹配一直都是传统图书馆和智慧图书馆资源运用的基础。在新型的"沉浸式"阅读模式中，读者情景和资源情景每一刻都在发生着变化，读者的阅读感受也会随之发生变化，这就要求智慧图书馆服务平台提供动态的相关性匹配服务来满足读者的阅读需求。

3. 智慧图书馆"沉浸式"阅读个性化推荐服务自适应模式

以读者为中心是"沉浸式"新型阅读服务的理念与宗旨。读者与"沉浸式"阅读模式相互融合，将个性化推荐服务有机地嵌入图书馆新型阅读形式中。在读者的"沉浸式"阅读行为中，智慧图书馆系统将获取的读者情景和读者阅读信息需求，根据上述两者的结合及时进行服务调整，旨在打破线上和线下的空间界限，加快现实与虚拟空间的转换，满足读者的阅读需求，丰富"沉浸式"阅读中读者的阅读体验。

由于"沉浸式"阅读情景感知的智慧图书馆个性化推荐服务具有泛在自适应特点，因此要求智慧图书馆服务平台具有主动服务、自适应服务和适时服务的功能。当读者的情景信息被接受或反馈时，智慧图书馆服务平台自动调整服务策略，基于人工智能技术，更新"沉浸式"阅读情景和读者情景的模型，保证信息服务的智能化特征和"沉浸式"阅读情景的敏感性特征。

第九节 基于知识传递的图书馆文献资源智能阅读推广策略

一、图书馆的知识与传递

图书馆智能化发展改变了图书馆的三个基本根基——知识、传递、读者，使其更加智能化，从而提高了图书馆文献资源推广速度。

（一）智能时代"知识"的特征

和传统图书馆"知识"相比，新时期"知识"被广义化。其产生主要是通过普通知识的社会化渠道、用专业知识程序化方法，将知识分解为无限的信息元素来建构有需求的"知识"。

"知识"由信息组成，由信息所建构。有了这样的建构方法，任何可能的"知识"都有可能在社会上传递，很容易形成针对性知识提供能力。从这个角度去理解"知识"，就能理解为什么数字化导致了"知识"的社会化膨胀，产生了"大爆炸"，深刻地影响着社会的方方面面，自然也深刻地影响着图书馆。这样形成的"知识"有着新特性。

第一，"知识"的多样性。社会的任何事物都被"知识"化了。无论是大到宇宙，还是细小到看不见的物体东西，无论是能想象到的，还是无法想象的，都在形成"知识"，都在被研究、被探讨、被运用。

第二，"知识"碎片化。智能时代的"知识"，信息作为建构元素注定了这个时代的"知识"具有碎片属性。一方面，因为容量和处理能力的极大化，使知识可以更加地细化为信息，表现出知识的碎片化趋势；另一方面，知识的提供者的多样性使得知识呈现碎片化。知识的碎片化，使"知识"都可能被研究者通过一系列的信息重新构建出来，重新组成更新的、更加有用的新"知识"。

第三，"知识"的时空融合性。在智能时代，"知识"表现出时空的融合特性。无论何时何地，读者都可以十分容易地获得自己所需要的"知识"。

（二）智能时代"传递"特征

进入智能时代，"知识"传递发生了巨大变化。所有的变化根植于"知识"的信息分解技术的发展，从而开启了知识传递的新时期。

第一，时空无限制的传递。智能时代的知识传递最显著的一个特征就是时空限制的突破。

第二，信息化方式的传递。读者可以通过被信息化后的知识碎片来汇集自己所需要的更多的知识。这些知识通过信息链接，逐渐扩展、增多、增大、增强，形成系统，方便学习。

第三，渠道多样化的传递。①知识可以通过不同的渠道取得、传递，极大地方便了读者，提高了知识学习的效率。②学习方式也呈多样化的传递，传统的教学方式、多媒体的教学方式、虚拟的现场训导方式等应有尽有，极大地改变了知识学习方法，促进了知识的快速传播、扩展、延伸。③一对多、多对多的传递。借助网络、媒体，实现了一对多、多对多的知识传递模式。这一模式的突破，使知识的传递变成无限制、无边界的自由式传递，给知识的学习传播带来了不可限量的深远影响。

第四，互动性的传递。数字化的知识传递可以是互动型的，这十分有利于读者的学习。

二、图书馆知识传递和知识发展功能的实现

知识传递是指知识源向知识用户的传递过程。知识传递是一种动态传递，本质是一种管理机制或控制方法，其目的是为知识用户提供知识和解决问题方案。通过知识传递，不仅能体现知识服务者的价值，还能为知识用户提供解决其问题、提升其能力的知识支持。根据知识传递者在知识传递中担任的角色，可以将参与主体大致分为知识服务者和最终知识用户两类。知识传递具有恒定性、灵活性、交流性等特性。显性知识的传递一般是单向或双向传递，但隐性知识的传递需通过相互交流才能实现。

图书馆具有知识传递功能和知识发展功能，而这种传递功能和发展功能，都是要依靠大学师生来实现的。

（一）图书馆知识传递功能的实现

第一，大学师生通过与作者进行真诚对话和互动，实现知识传递的目标。图书馆中所收藏的书籍代表着古代、现代和当代专家学者对知识和真理追求的成果。阅读是与书籍原作者进行对话和交流的过程，此刻的读者应摆正自己的位置，真诚地与作者交谈。

第二，大学师生的阅读态度与图书馆的专业服务指导影响知识传递功能的实现。图书馆能不能起到知识传递的功能，不仅仅取决于书的质量高低，还取决于读者的阅读态度。知识是用来解决实际问题的，只有诚实的人才能读有所获。为了真正发挥图书馆的知识传递功能，大学教师和图书馆工作人员，要对读者和学生进行检索指导辅导和读书引导。同时，图书馆的管理者，也要对不认真读书的读者和对于读书方法不对路的读者给予帮助、指导和批评。既然要对入馆学习者进行帮助、指导和批评，那么，图书馆馆员自身首先就要成为学习者，自己会读书、爱读书、熟悉馆藏，有丰富的知识与阅读能力，否则，就不可能给读者以真诚的服务和有效的指导。因而，图书馆工作者也要有很高的学问和丰富的知识，成为专业指导者。

（二）图书文献采购配置影响知识传递功能的科学发挥

要想使图书馆能真正发挥传递知识的功能，馆藏还要丰富且配置合理。图书文献的采购配置是一门学问，不能只买某一类作者或某一位作者的书，而要买在当时具有影响的作者的书；也不要只买某一位作者的某一本书，而要买他的全集，是为了师生教学科研查找资料备用，随时解决文献问题。

图书馆的馆藏，不同于个人收藏，也不同于研究机构的藏书。图书馆的馆藏是面向大众的，讲究全面、丰富、权威，既要包罗万象，又要严密、系统、权威，能适应各种人的

需求。所以，当好图书馆的采编人员是非常不容易的。

（三）图书馆知识发展功能的实现

图书馆的知识发展功能的实现，从主体视角观之，至少主要体现在以下四个方面：

第一，对大学生的知识发展功能。此时图书馆发挥的是教师功能的延伸，学生所学到的知识技能，也能通过图书馆订正教师所讲知识的缺憾乃至谬误。除科学实验和社会实践外，大学生研究性学习的相当部分也主要是利用图书馆来完成的，而且即使是在实验室里做实验、到一线去调研，也还是要回到图书馆里查找资料，找到实验的路径、方法或他者的调研经验参考。此外，图书馆里还有许多纸质与数字报刊资源，他们所刊载的最新或历史的科技文化文献，或站在最新最高学术前沿看待问题，或是提供了前人巨人的"肩膀"，这对于学生的知识发展与科技文化创新非常重要。

第二，对大学教学科研人员的知识发展功能。大学教学科研人员利用图书馆馆藏文献，一是为了教学储备，二是为了科研创新。前者是为了再发现知识并传递知识；后者是为了发展知识，而且是创造性地发展知识，尤其是把发展创造知识的方法和精神传递给青年学子，发展创造本身就是为了传递，发展、创造、传递是有机联系的，且是相辅相成的，不能截然分开。

第三，对大学党政管理人员和服务人员的知识发展功能。他们利用图书馆充电，既是为了更好做好本职工作，也是为了提高自身文化科技素养，最终都是为了学生的进步和学校的发展。他们与大学教学科研人员知识发展功能的差别之处在于，他们不是为了直接传授知识和发展知识，而是通过提高自己的管理能力和服务水平来为学生和学校发展提供专业服务的。同时，他们的水平提高了，把管理和服务工作做好了，客观上也有利于师生的教学科研成效提升，也是在间接地传递和发展知识。

第四，对大学周边社区与社会人士的知识发展功能。这是图书馆社会服务功能的体现，也是图书馆传递、发展知识功能对校外的辐射与延伸。而且，由于图书馆馆藏的学科专业性和大学本身于社会而言的神秘感，可能相对于社会图书馆而言，知识发展的精神感召作用可能更强。图书馆应是一个开放的系统，应让它把校内外知识服务功能发挥到最大。

第六章　图书馆智能化阅读的构建

第一节　数字图书馆智能阅读场景的构建

图书馆打造智能而有序的公共阅读场所，目的是营造良好的阅读空间、氛围，深入推进全民阅读，建设"书香中国"。阅读空间承载了知识传播、文化育人和沟通交流等多重功能。"阅读是一切文明活动的起点。在场景时代，技术与数字阅读的关系密不可分，移动设备、社交媒体、传感器、定位系统、大数据等技术在推进数字阅读系统建设上成效显著。"[①] 营造具有场所精神的阅读空间的意义在于凝聚更有感染力的文化内核，使读者在空间内产生情感的认同和归属，这种认同和归属使读者置身于图书馆中更容易集中精神，从而专注阅读、感受生活和激发灵感。

一、智能阅读的特征与应用场景

（一）智能阅读的特征

智能阅读，作为数字阅读发展的新形式，是一种以大数据为基础，以读者为主体，运用人工智能技术提高阅读效率，精选阅读内容，打造个性化阅读服务的新型阅读模式。智能阅读是在数字阅读、移动阅读的基础上，结合人工智能技术而新生的阅读方式。

从数字阅读变革视角出发，将智能阅读定义为数字阅读的新模式，主要有三层含义：①阅读内容的立体化，如有声图书馆、视听魔镜等可以实现听、写、说等立体化的阅读体验。②阅读载体的多元化，阅读介质超越时空限制，终端不仅限于带屏的电子屏幕，万物皆屏。总体而言，智能阅读强调出版更优质的内容，营造更舒适的体验，读者可在任何时间、任何地点、任何屏幕（包括虚拟屏幕）上进行阅读，在人的周围形成一种智能化、人性化的阅读空间。③阅读过程的智能化，借助人工智能与大数据技术实现精准阅读服务与干预。

[①] 张晗，姚丽婷，吴洁，等. 场景时代深圳数字阅读推广的技术逻辑与实践创新 [J]. 出版发行研究，2023（02）：70.

自身阅读强调身体与心灵共同参与阅读的过程，提升读者的感官和认知体验在特定氛围中让读者享受全身心投入的阅读体验，以此达到深度学习效果的阅读方法。

良好的交互性、十足的创新性、强烈的代入感在阅读中充分地感知世界、启迪思维、重塑自我，懂得阅读方法，能够根据自身的阅读需要，选择相应的阅读方法和途径，充分运用传统阅读、数字阅读和智能阅读等手段，自主选择阅读媒介和平台。

借助 AI 技术，使得阅读所需要获得的信息可通过即听即见、智能协作（通过人工智能的方式，由机器来协助作者进行相应的校稿）和智能创作（通过机器人对大数据判断将情感赋予到创作当中）等更多更好的承载方式来实现阅读的 AI 化充分感知世界，懂得阅读方法，自主选择阅读媒介和平台即时性、智能化，AR 阅读强调多主体参与的交互阅读体验。而智能阅读作为数字阅读 3.0 的主要表现形式，强调的是面向读者个性化阅读需求，而不仅仅是某种特定技术的应用给阅读内容呈现带来的变化。因此，智能阅读与上述相关概念在范畴层面有较大差异。

总之，通过对智能阅读相关术语内涵与外延进行比较，可归纳出智能阅读的特征主要包括：①跨界融合，阅读产业呈现新内容、新产品形态和产业链跨界融合趋势，AR、VR 技术的发展为阅读市场开辟了新的空间；②立体化阅读方式，阅读载体呈现方式不仅限于带屏幕显示的二维平面，还包括三维立体空间，阅读不仅是看，还可实现听、写、说等立体化的阅读体验；③个性化智能推送，有针对性地向用户主动推送信息，实现千人千面的内容个性化匹配。

（二）智能阅读的应用场景

第四次工业革命的到来重构了装置范式，人们的阅读方式、行为、场景也随之改变。下面将从技术变革引发的阅读体验角度出发，将智能阅读应用场景划分为 5 类：跨媒介阅读、碎片化阅读、智能化听书、沉浸式互动阅读，以及个性化阅读。

1. 支持跨媒介阅读

数字阅读 IP 多元开发具有核心竞争力、改编空间和受众群体大、可衍生电视电影等多种类型产品。文化产业与互联网平台、数字技术不断融合，数字技术推动文化产业精品内容实现多元化衍生，丰富和扩展阅读场景，带来阅读体验的多元化。由 VR、智能技术引发的混合式阅读成为现代阅读常态。随着熟人社交媒体与现实生活的重合度越来越高，以读者为核心，强调分享、互动、传播的社会性阅读兴起，拓展了新媒体阅读功能。

2. 拓深碎片化阅读

在移动互联时代，知识接受方式发生了变革，碎片化学习趋势也愈加明显。碎片化阅读主要是将系统性知识打碎，基于电子书、手机等新型阅读媒体通过虚拟影像给予读者"情景化"和"沉浸式"的阅读体验，充分调动听觉、视觉、触觉同步进行，使阅读体验从平面走向空间，强调身体知觉与心灵意识共同参与阅读的过程，融合多媒体技术，促进阅读理解，推进阅读进程，经历非具身到弱具身，再到强具身的过程，增强阅读的交互体验，有利于增强用户的阅读兴趣，给读者带来真实阅读的沉浸感。多感知深度体验阅读、多主体参与交互阅读、超现实信息集成阅读，断断续续地阅读，可弥补常规阅读在环境上的不足，让知识容量呈阶梯式增长。因此，在推进全民阅读的过程中，需要理性认识"碎片化"，合理利用阅读平台，从精品阅读内容建设、深度阅读习惯培养入手，将碎片化阅读转变为推进全民阅读的"加速器"。

3. 定制智能化听书

从早期的唱片、磁带，再到今天的在线音频，音频作为伴随性媒体，适用众多生活场景。有声书运用现代数字技术，以文本内容为基础，将单个或多个表演者声音存储于数字文件中，利用网络平台向公众传播音频作品。有声阅读增长较快，成为国民阅读新的增长点，移动有声App平台已经成为听书的主流选择。当前各大阅读平台布局有声阅读市场，将优质内容改编为音频作品，提供数字版权，如微信听书的"AI男声""AI女声"智能语音，天猫读书的四类AI趣味听书。

此外，各大在线阅读平台跨界合作，拓展优质内容传播，打造"有声化+AI阅读"。除了个性化定制的有声读物外，智能音箱也可应用于有声书的语音交互操作中，实现与人的简单对话，成为智能听书的使用渠道以及智能手机的有益补充。人工智能、5G等技术极大革新了有声书市场，为平台构建用户画像和了解用户偏好提供了支撑，带来更好的陪伴体验。

4. 赋能沉浸式互动阅读

智能技术的发展与引入延伸或扩展了人们的感觉器官，带来视觉、听觉、触觉、嗅觉乃至味觉上信息获取方式的变革，书籍从二维平面走向三维立体空间，沉浸式阅读将成为未来主流方向。沉浸式阅读体验来自对各种互动情境的打造，通过5G、大数据、VR/AR技术，打造立体的可视化场景，读者进入书中情境，与书中的人、物进行即时互动，增加阅读的趣味性与临场感。

对接沉浸式互动阅读用户需求以及提升优质内容是未来沉浸式互动阅读的发展方向。当前市面上较为受欢迎的3R（VR、AR、MR）出版物多半以技术为驱动，以内容为核心，且表现形式强。如二十一世纪出版社集团出版的《谁是鱼儿的好爸爸》AR科普绘本，学生可触摸移动屏幕上"游动"的鱼，将感性与理性知识相结合，加深读者对科普内容的理解，实现内容与技术的紧密结合，将阅读做得更加精细、有意义。

5. 实现个性化阅读

个性化阅读主要依托人工智能技术获取读者历史使用信息，通过对读者阅读行为过程数据进行分析，从而为读者定制其需要的、感兴趣的、关注的阅读内容。用户画像一般应用于精准服务、个性化推荐，是建立在用户真实数据之上的虚拟角色描述。基于内容和用户画像的个性化推荐服务模型，可实时计算用户对于某一内容的兴趣度，进行精准推荐服务。书目推荐或阅读咨询是阅读服务的核心内容，旨在针对某个或某类读者，根据其阅读需求、偏好，提供合理的阅读建议，推荐合适的读物。如 QQ 阅读的"书找人"功能通过抓取用户的阅读喜好、阅读浏览记录、用户身份等大数据，从而针对性地推荐图书。掌阅的"千人千面"内容定制，采用智能推荐体系，不断优化内容匹配，优化用户接收信息效率及体验。目前，阅读领域的个性化推荐仍处于发展中。

二、数字图书馆智能阅读场景的实现措施

随着以人工智能等技术为代表的第四次工业革命的到来，阅读场景升级、阅读体验优化，数字阅读的智能化程度不断提升。数字阅读起源于网络、手机、掌上阅读机等数字载体的出现。在 5G 技术与人工智能技术相融合的背景下，实现数字图书馆的各种智能阅读场景。

（一）数字图书馆的智能阅读推荐

数字图书馆将收集的用户数据信息，交由馆内人工智能系统和大数据系统进行大数据分析，进而实现对用户智能化、个性化的图书推荐，即数据搜集—智能分析—智能推荐。根据用户产生的数据，人工智能系统分析其行为特征、阅读倾向，特别是借阅记录、浏览轨迹、查询历史等信息，从而为用户制定个性化的推荐书目。这种推荐服务也随着图书馆书目信息与服务系统的更新而不断优化，保证推荐服务的时效性。当前，有的数字图书馆还根据读者的阅读行为，为其推荐有同样阅读兴趣的网络读书社区或书友，并通过与社交媒体平台合作，使用户能够利用社交媒体进行阅读交流。

（二）数字图书馆的智能阅读导航

数字图书馆还可以为读者提供书目导航服务。数字图书馆凭借传感器可以感知用户的地理位置，借助手机、电子显示屏、智能机器人等移动设备，实现图书馆内的导航和精准定位。数字图书馆通过无线射频系统进行定位，用户靠近其所要借阅的书籍时，相关设备则会发出提示声音。目前，谷歌公司依托谷歌地图技术，已经通过手持设备，来提升读者的借阅体验。

(三) 数字图书馆的智能阅读咨询

数字图书馆可以利用人工智能技术和可穿戴设备的语音识别技术搭建智能咨询服务场景，具有代替人工咨询台的服务和自助式查询机的作用。用户利用可穿戴移动设备直接通过语音进行查询，比传统的键盘输入方式更便捷。如清华大学图书馆就使用自主研发的智能咨询机器人小图，为用户提供图书搜索、信息咨询等服务。小图基于开源软件开发，具备一些自我学习的能力，其内部算法具有启发式的会话规则，可以在一定程度上自主进行推理和判断。在实际使用中，小图受到了广大用户的欢迎，成为清华大学图书馆的"网红"。

(四) 数字图书馆的智能阅读检索

随着存储技术的发展，数字图书馆的信息量巨大，传统的数据处理方式与检索方式都不再适应新的环境。近年来，多数数字图书馆都在尝试智能阅读检索技术的应用，这种技术以神经网络、大数据分析、语音识别等技术为基础，力图在用户兴趣点的发现、无用信息的过滤、有用信息的精准推荐等方面有所突破，目前也取得了阶段性的成果。这些技术的进步都为数字图书馆未来的发展提供了必要的技术储备，而视觉搜索技术也成为智能阅读检索场景应用取得成功的重要技术发展方向。

(五) 数字图书馆的智能预约座位

智能预约座位也是当前应用较为成熟的智能阅读场景。智能预约座位主要通过物联网技术对图书馆的座位进行编号，再通过传感器识别是否有读者在使用，并将这些信息通过互联网与图书馆的管理平台进行连接，让读者通过移动设备查询到图书馆座位的使用情况。同时，数字图书馆通过建立奖惩机制，对已预约却不及时使用或是使用时间超时的用户，其下次预约将受到一定的限制；对于在预约机制中信用良好的用户，在下次预约中将获得优先权。以此来督促用户更好地利用有限的座位资源。在一些数字图书馆中，这种智能阅读场景已经较为常见，无论是图书馆的管理者还是读者，对此反映都较好。

总之，数字图书馆由于其服务的丰富、多样、便捷，得到了越来越多用户的肯定，优化服务能力成为图书馆新的发展方向。通过运用相关理论中的技术，数字图书馆可以构建各种智能阅读场景，为用户提供更优质的服务。在"5G+AI"融合的时代，随着更多信息技术的运用与发展，数字图书馆必将能够构建出丰富多样的智能阅读场景，提升用户的阅读体验。

第二节　公共图书馆无人值守智能阅读空间建设

公共图书馆无人值守智能阅读空间的定位是指以互联网、云计算、大数据、物联网等信息技术以及智能设备为基础，结合现代化图书馆建筑设计风格，打造读者与图书馆之间新型的交互模式。以人文共享为目标，智能化发挥图书馆的服务与管理职能，为读者提供交互式信息共享空间。读者可以充分发挥自主性，以自我的文化个性化需求为方向，全天候、即时性享受智能化阅读空间带来的舒适、便捷文化体验。

未来智慧图书馆是图书馆最主要的表现形式，利用移动互联网、云计算、大数据、物联网等信息技术和智能设备作为技术支持，实现读者与文献之间的多维融合。以智能化的管理、多元化的文献资源，便捷、舒适、高效的内部服务为基础，实现读者的个性化、自主化的阅读需求。图书馆无人值守智能阅读空间就是智慧图书馆的缩影，公共图书馆无人值守阅读空间建设，是顺应图书馆转型的必然趋势。

公共图书馆无人值守阅读空间的核心是全天候个性化信息共享空间，其建设的出发点，应当以更好地为读者开展阅读推广活动和科学研究提供文献信息服务为主要目标。

公共图书馆无人值守阅读空间的定位，其建设应当从硬件和软件多角度出发，结合公共图书馆藏书设定特点，打造成文化研究创新孵化基地。适宜研读的空间配置须考虑如何在软环境设计以及硬件配套中激发读者的各种灵感，激发他们创作、研究的热情。

一、建设全面的文献资源配置

以阅读推广活动创新以及学术研究为基本活动主题的无人值守智能阅读空间，自然离不开更全面的文献资源配置。图书馆在保证纸质文献和数字化资源处于国内领先水平的前提下，还为读者提供免费的馆际互借、文献传递服务。

文献资源包括数字化资源，是图书馆的核心大脑。在大数据时代下，共享单车、共享汽车、共享按摩椅等已经让我们认识到了"共享"的进步意义。公共图书馆空间的数字化文献资源也可以步入共享时代，不仅可以整合各方面群体对文化知识的个性需求，还能丰富现有资源的多样性。在资源利用方面也可以避免有价资源的浪费，充分发挥互助性的积极作用。

二、更舒适宜人的环境配置

公共图书馆的内部空间设计以满足并提升读者个性化的图书馆体验为原则，充分采用开放流畅的空间布局及性格鲜明的空间元素，搭配现代化便捷智能的科技以及人性化的家具设计，充分体现图书馆使用感受的智慧化和个性化。公共图书馆用开放式的楼梯连接上下扩展明亮的中庭空间，淡化了独立隐蔽的小隔间格局，为读者创造更多的相遇和交流机会。

在无人值守智能阅读空间内的建筑中融合自然元素，除了简单的多肉植物、绿植盆景外，还可以设置迷你绿化带，比如新加坡的国家图书馆新馆，在建筑的露台外建设有数百平方米的绿化带，还种植了数层楼高的香树，既可以减轻读者的视力疲劳还可以让读者在阅读后走在这个自然空间内思考、休息。由于无人值守的特殊设定，自助职能阅读空间的管理更具多元化和个性化。

三、开放时间与设备使用管理

公共图书馆无人值守智能阅读空间建设已经成为一个日益重要的议题，这一创新的图书馆模式旨在为读者提供更灵活和便利的阅读体验，同时减轻人力资源的压力。在这种无人值守的空间中，开放时间的管理是至关重要的。图书馆管理者需要仔细考虑读者的需求和使用习惯，制定合理的开放时间，以尽可能多地满足读者需求。

为了管理设备使用，图书馆采用了先进的智能技术。读者可以通过自助服务终端登录系统，选择所需的设备和功能，并按照规定的时间段进行预约。这种预约系统可以确保设备的公平使用，避免资源浪费和冲突。此外，图书馆还配备了监控摄像头和安全系统，以确保设备的安全和防止不当行为。

在无人值守智能阅读空间中，设备维护和故障处理也是重要的管理任务。图书馆管理者需要定期检查设备的运行状况，并及时处理任何故障或问题。他们还需要提供技术支持，帮助读者解决使用设备时遇到的困难。

总之，公共图书馆无人值守智能阅读空间的开放时间与设备使用管理需要综合考虑读者需求、设备预约系统和维护保养等方面。通过合理的时间安排和智能技术的应用，这种模式可以为读者提供更好的阅读体验，并提高图书馆的效率和服务质量。

四、座位使用管理

占座是众多图书馆普遍存在的"不良现象"，预约选座成为多个公共图书馆现行的最佳占座应对办法。通过图书馆网站在线管理系统，读者可以在线预约选座，也可以登录系统移动客户端预约座位。预约后该座位可以在一定时间内为该读者预留，当超过系统限定预约等候时间后，系统自动取消预约，释放座位给有需要的读者。如果读者在餐点或者其他原因暂时离开座位时，还可以保留座位"暂时刷离"一定时间。但若读者超过限定时间，系统将自动释放座位给有需要的读者。

五、可预见问题及解决办法

提升无人值守智能阅读空间运用与管理质量首先就必须从专业的管理人员培训开始，因为专业的管理人员是无人值守智能阅读空间运用和管理质量的最有效的保障。只有专业的管理人员才能够真正地了解最适合无人值守智能阅读空间的运用模式，并且在实践的过程中发挥其最大的价值。

现有的人员已经对无人值守智能阅读空间的存在和发展有了一定的探索经验，现有图书馆从业人员对于读者何时会来看书、何时会产生什么样的感受等问题，都有一定的经验。同时针对管理过程中出现的问题，其已经有了一定的处理经验，因此，只需要通过集体培训和个别督导的方式就可以比较好地帮助现有的人员提升自己的管理能力，提升管理的质量。

六、发挥资金利用最大化价值

无人值守智能阅读空间的自动化安防系统要求更全面，涉及系统更复杂。公共图书馆作为读者聚集型的公共场所，每天都有大量的读者流量。无人值守的图书馆阅读空间里，自动化、智慧化的安防保障系统应当涵盖自动化门禁系统、自动化火灾预报警系统、智能监控系统以及自动化应急疏散警示。

无人值守智能阅读空间便是这股潮流的表征，彰显图书馆不只是可以担当知识保存、管理、利用和传播的角色，也可以创造一个整合形的空间环境，发挥资讯科技领航者的功能，对教学活动和学生学习产生直接作用。无人值守智能阅读空间的建设理念须打破只是一个安静的阅读写作环境的框架，倡导小组讨论氛围，并在创新的技术和舒适的空间环境的配合下，营造出一个真正的学习共享空间。

总之，图书馆无人值守智能阅读空间建设是图书馆发展的必然趋势，它利用先进的技术和设备，为读者提供便捷、高效和个性化的阅读环境和服务。这种建设模式不仅提升了图书馆的管理效率和资源利用率，还满足了读者对便利性和舒适性的需求，为社会的知识传播和文化发展做出了积极贡献。随着技术的不断创新和发展，图书馆无人值守智能阅读空间的建设将进一步完善和拓展，为读者提供更加丰富和多样化的阅读体验。

第三节　人工智能和公共图书馆绘本阅读服务

一、人工智能对绘本阅读的影响

绘本是用图画和文字结合起来共同呈现一个完整的故事，运用人物的神态、表情甚至画面的结构布置等图画语言来传递书本信息。绘本阅读被越来越多的学者和家长所接受并推崇，成为儿童亲子阅读中的重要组成部分。要实现绘本的教育价值，有必要对绘本阅读的特征进行分析，消除绘本阅读中的误区，让绘本阅读回归促进儿童发展的本质。绘本阅读具有图文并读、陪伴阅读、兴趣阅读等特征。

绘本阅读是人工智能的应用领域，人工智能的关键技术是辅助绘本阅读教育的基础，直接影响人工智能辅助绘本阅读的发展。在人工智能时代，绘本阅读将被重新定义，从而呈现出崭新的绘本阅读领域，深刻推动儿童教育进步。

（一）对绘本阅读主体的影响

绘本阅读是成人参与的陪伴阅读，因此，阅读主体由成人和儿童共同组成。图像识别、语音识别以及自然语言处理技术是人工智能的重要领域，也是目前应用比较广泛的人工智能技术。图像识别是通过对图像进行对象识别，以识别各种不同模式的目标和对象。语音识别是通过声波特征提取和模式匹配准则识别和理解语音信号，并将其转换为相应的命令或文本的技术。而自然语言处理则主要让计算机能够理解、处理并运用人类的自然语言，以实现计算机与人类自然语言的交互。通过上述三种人工智能技术的应用，能够实现智能识别绘本，实时朗读所翻到的内容。目前，流行的绘本阅读机器人都可以实现此类功能，代替父母为儿童阅读绘本，并实现语音交互。另有一些绘本机器人具有人脸识别及手势识别等 AI 功能，可广泛应用于与视觉和语音相关的需求场景。

在 AI 技术的助力下，即使成人无法参与，儿童也可完成绘本阅读。智能化的陪伴阅读虽然不能等同或取代亲子共读，但可以促进儿童在阅读过程中手、耳、眼并用，更加专注于阅读。创新性的阅读形式有助于主动阅读，浸入式的阅读体验提高了阅读绘本的吸收率。AI 辅助绘本阅读可以在一定程度上减少成人指导过度或缺乏的虚假阅读，通过友好的语音互动和小巧可爱的卡通形象，加深儿童与绘本阅读机器人之间的互动黏性，赋予儿童更有趣的阅读体验，更好地激发阅读兴趣，培养阅读习惯。

（二）对绘本阅读内容的影响

绘本是通过图文结合进行内容展现，更加强调艺术表现，并赋予读者视觉阅读体验。虚拟技术与传统绘本数字内容相结合，能够极大地提升表现力，弥补其局限性，为儿童提供更为优质的图像情境，实现视觉、听觉、触觉、味觉全方位体验式多感知。VR绘本打破了二维限制，将立体形象呈现在孩子眼前，丰富了绘本内容的感官体验。

图书馆可以通过虚拟全景画面构建全新的叙事场景，训练儿童立体空间思维，全面提升观察、动手、认知、学习、思考等能力。通过视线调整、语音交互、位置改变等方式，让绘本阅读具有更加完善的互动体验。立体化的阅读方式，趣味性的阅读行为，让绘本阅读内容展现更为多样化。儿童通过全新的阅读模式，由直观体验调动想象力，体会个人代入感，深刻感受绘本所传达的丰富知识与情感，由此逐渐构建自己的知识体系与价值体系。

（三）对绘本阅读过程的影响

绘本阅读是通过图文并茂的内容来激发儿童的阅读兴趣。机器学习是人工智能的核心领域，是使计算机具有智能的根本途径。机器学习通过数据或经验不断优化计算机程序的性能标准，不需事先编程即可做出正确反应。

深度学习是机器学习领域一个新兴研究方向，并逐渐成为人工智能的卓越代表。深度学习是一个复杂的机器学习算法，通过高效提取方法对数据内在规律和表示层次进行更加抽象的特征提取，从而实现对数据更本质的刻画。情感计算是指人类通过为机器设定程序使之能识别、理解、处理并模拟人的情感来建立和谐人机环境，并使计算机具有更高的、全面的智能。

图书馆可以利用绘本阅读机器人辅助阅读，对儿童阅读过程进行跟踪，记录阅读轨迹。综合运用数学统计、机器学习和数据挖掘等技术和方法对阅读数据进行处理与分析，从而发现儿童阅读内容、阅读行为与阅读效果之间的关系，挖掘儿童的阅读兴趣。通过智能化的数据挖掘、机器学习算法以及情感计算等呈现阅读儿童的数字画像，对于阅读效果进行智能测评，为家长和教师提供更为客观、更为详尽的反馈信息，能够进行更为精准的阅读决策优化与阅读过程改进，从而完善阅读计划，实现有内容有质量的绘本阅读。

二、人工智能赋能图书馆绘本阅读服务

绘本是最适合儿童阅读的图书，阅读绘本是儿童培养阅读习惯与兴趣的重要教育手段。AI赋能绘本阅读，能够实现阅读内容个性化、阅读方式智能化、阅读体验多样化。

图书馆拥有大量的阅读数据，借助技术的发展与应用，能够为儿童提供更为高效与精准的阅读服务，实现具有广度与深度的服务反馈，优化绘本阅读服务流程，促进图书馆绘本阅读服务的个性化与智能化发展。

人工智能技术的快速发展及其广泛应用，使人工智能与绘本阅读融合成为可能——绘本阅读机器人。绘本阅读机器人这一智能产品在近几年逐渐兴起，它是在儿童早教机器人的基础上发展起来的。绘本阅读机器人是指通过运用语音识别、图像识别和人机交互等人工智能技术对绘本进行识别，从而辅助儿童阅读绘本的机器人。绘本阅读机器人的前端带有一个摄像头，可以对摄像头前的绘本进行图画和文字识别，通过运用语音识别和人机交互技术，达到和儿童一起阅读，一起互动的效果。绘本阅读机器人除了具有智能识别绘本的功能之外，还具有市面上早教机器人所具备的讲故事、听儿歌等功能。

（一）绘本阅读机器人的功能

绘本阅读机器人的应用需要有强大的功能、丰富的阅读资源和个性化的配套服务进行支撑，下面将详细地介绍绘本阅读机器人的功能、提供的阅读资源和配套服务，帮助大家全面、精准地了解这款智能阅读机器人。

第一，智能识别绘本功能。绘本阅读机器人的智能识别绘本功能主要是通过图像识别技术实现的。目前绘本阅读机器人仅支持识别云端数据库所存储的绘本资源，所以在阅读绘本前，需要在 App 中扫一下绘本的条形码来确认该绘本是否支持阅读，如果支持阅读，将绘本平放在绘本阅读机器人前方，绘本阅读机器人上端的摄像头识别绘本封面即可。绘本阅读机器人强大的识别绘本能力依赖于云端庞大的绘本数据库，目前市面上各品牌绘本阅读机器人云端所存储的绘本资源参差不齐，但总体上，电商平台和书店的主流绘本资源都可以阅读，因此家长不必担心购买的绘本不能够被绘本阅读机器人识别所造成的不必要浪费。

第二，翻书自动阅读功能。绘本阅读机器人的翻书自动阅读功能同样是通过先进的人工智能计算机图像技术实现的。绘本阅读机器人能够快速准确地识别眼前的绘本，不限制绘本放置的位置和角度，快翻跳翻都能读。因此儿童可以根据自己的节奏翻读绘本，不会打断儿童的阅读过程。

第三，AI 语音交互功能。绘本阅读机器人的 AI 语音交互功能是通过语音识别技术实现的。通过儿童与绘本阅读机器人的智能语音互动，可以让机器人走进儿童的内心世界。

第四，智能英语伴读功能。绘本阅读机器人的智能英语伴读功能同样是通过语音识别技术实现的。英语伴读功能主要目的是纠正儿童的英语发音，提高儿童的英语口语能力。英语口音均由专业英文绘本专家在专业录音棚录制，保证每一个发音的标准与清晰，口音更富有感情。专业的人声质感更加符合幼儿讲读的绘本内容，可以给儿童带来生动立体的阅读体验，让儿童喜欢阅读，爱上阅读，成为阅读的小能手。绘本阅读机器人具有强大的英语阅读功能，它的智能英语伴读功能可以让儿童学英语变得更简单、更主动，让儿童在玩乐中爱上英语，也在一定程度上解决了部分家长英语水平不高，难以辅导儿童的问题。

第五，智能点播功能。家长可以通过各品牌绘本阅读机器人配套的 App 为儿童点播，App 会根据儿童的成长和阅读习惯，智能推荐儿童可能喜欢的故事、儿歌等，家长可以根据推荐将儿童喜欢的故事或儿歌收藏，并推送给绘本阅读机器人播放给儿童听，这一点是非常人性化和互联网化的。

第六，父母录制绘本功能。家长可以在 App 中选择自助录制家里的绘本，即使父母不在身边，儿童也能通过绘本阅读机器人听爸爸妈妈讲故事，父母的声音随时随地环绕在儿童的周围，让家长和儿童们一起学习，一起成长，一起去探索未知的世界。父母在儿童早期教育中扮演着重要的角色，拥有了父母的参与，儿童的学习将不会枯燥无趣，可以说绘本阅读机器人在父母录制绘本这个功能上做得相当出色。

第七，"蜜语"传声功能。家长可以通过后台 App 编辑信息，让绘本阅读机器人进行传声，培养儿童良好的生活习惯。此外家长还可以通过"蜜语"功能引导儿童阅读，引发儿童的阅读兴趣，让儿童不再抗拒学习，抗拒阅读。培养习惯、引发兴趣、引导行为、疏解情绪是儿童成长教育过程中非常重要的手段和措施，拥有了"蜜语"功能，家长可以进行情绪化管理，良好地疏解和开导儿童。

第八，其他功能。绘本阅读机器人还拥有除上述介绍外的其他强大的功能，例如：①智能抓拍功能。绘本阅读机器人自带高清摄像头，可以精准识别儿童的面部表情，智能跟随抓拍，主动推送给 App，宝贝们古灵精怪的萌趣表情，调皮搞笑的"童言无忌"等点点滴滴都可以被清晰地记录下来。智能抓拍功能让父母不会再错过儿童的美好成长点滴，即使不在儿童身边，也能随时温暖人心。②益智游戏功能。绘本阅读机器人搭载了智能语音引擎，开发了百科问答、成语接龙、垃圾分类等百余种趣味互动游戏。游戏是儿童的主要活动，儿童通过游戏来认识周围事物和发展智力，绘本阅读机器人的益智游戏功能可以让儿童学习到更多的课外知识，促进儿童的多元发展。

（二）绘本阅读机器的应用模式

回归儿童绘本阅读本质是人工智能应用于绘本阅读领域的核心，通过人工智能技术与绘本阅读过程的融合，更好地实现儿童绘本阅读的价值，实现儿童绘本阅读的意义。人工智能在绘本阅读领域的推进和实施应建立多样化的应用模式，以满足不同层次儿童对于绘本阅读的多层次需求。

1. 绘本阅读机器的应用模式构建

（1）满足普遍的替代式阅读需求，通过人工智能技术替代家长与教师的陪伴阅读，绘本阅读机器人作为辅助阅读工具能够让儿童阅读绘本更加便捷。

（2）满足特定的个性化阅读需求，通过对儿童的阅读过程进行跟踪，综合运用数学统计、机器学习和数据挖掘等技术和方法对阅读数据进行分析处理，从而发现儿童阅读内容、阅读行为与阅读效果之间的关系，精准定位儿童的阅读兴趣，为儿童精准推荐有助于提升阅读效果的阅读资源。

（3）满足深层的体验式阅读需求，通过运用虚拟现实（VR）、增强现实（AR）等技术，实现场景和角色体验，增强儿童对于绘本阅读的理解与认知，真正达到绘本阅读的教育目的。

总之，上述三种模式是递进关系，从基础到深入，实现从知识传递、知识推送到知识建构的深化。

2. 绘本阅读机器的应用模式内容

（1）辅助阅读模式。辅助阅读模式是为了满足儿童的普遍需求。绘本阅读的本质是陪伴式阅读，阅读主体是由儿童和家长共同组成，阅读过程是由儿童和家长共同合作完成，家长读，儿童听。绘本阅读机器人的智能识别绘本这一核心功能实现了机器替代家长为儿童阅读绘本，在一定程度上解决了家长不能辅导儿童阅读英文绘本的难题。图像识别技术的应用是指，绘本阅读机器人通过对绘本图文进行识别，识别各种不同模式的目标和对象。语音识别技术的应用是指，让机器人通过识别和理解过程把儿童的语音信号转变为相应的文本或命令的技术。绘本阅读机器人这一辅助阅读模式能够辅助儿童阅读绘本，即使家长没有参与绘本阅读，儿童也可以完成阅读。

（2）适应学习模式。适应学习模式是为了满足儿童的个性化需求。图书馆通过人工智能技术实现智能分析，为儿童推荐有助于提升阅读效果的阅读资源，打造兴趣导向的个性化阅读体系。数学统计是研究大量随机现象的统计规律性，对归纳出的规律总体进行推断和预测。机器学习是研究计算机怎样模拟或实现人类的学习行为，以获取新的知识或技能，其实质上是一个基于大量数据的统计学过程。数据挖掘是指从大量的统计数据中通过算法搜索其中隐藏信息的过程。通过上述技术的应用，能够为儿童精准推荐符合自己独特个性的阅读资源。

绘本阅读机器人配套 App 具有阅读内容推荐、阅读行为与习惯分析、阅读效果评价、自适应阅读学习模块等服务，通过智能虚拟助手、智能导读系统、适应性阅读学习平台等系统，以及智能化的数据挖掘、机器学习算法和情感计算等呈现出儿童的阅读数据，对于阅读效果进行智能测评，根据儿童阅读的个人特点（如阅读风格、阅读偏好等），创建个性化阅读体系，为儿童精准推荐符合个性的阅读资源，为家长和教师提供更为详尽、更为客观地反馈信息，更为精准地进行优化阅读决策、改进阅读过程、完善阅读计划、实现有内容有质量的绘本阅读，实现儿童的个性化阅读，帮助儿童获得更好的绘本阅读效果。

（3）人机融合模式。人机融合模式是为了满足儿童深层次的需求。VR绘本打破了传统绘本的二维限制，将立体形象呈现在儿童眼前，丰富了绘本内容的感官体验。虽然VR绘本具有一定趣味性，在阅读模式上仍然比较单一，阅读体验局限于单感知的视觉感受，绘本阅读机器人通过运用虚拟现实（VR）等技术，能够把绘本内容生动立体地在屏幕中呈现出来，将儿童带入阅读情境，进行角色体验。虚拟现实等技术大大增强了儿童阅读绘本的视觉效果与互动体验，实现了人机融合的阅读效果。

绘本阅读机器人这一人机融合模式能够通过虚拟全景画面构建全新的叙事场景，立体化的阅读方式，趣味性的阅读行为，让绘本阅读内容展现更为多样化。通过空间和场景的切换，儿童可以在虚拟的空间进行自由探索，训练儿童立体空间思维，全面提升观察、动手、认知、学习、思考等能力，从而帮助儿童深刻理解绘本的阅读内容，培养阅读兴趣，激发阅读热情，最终达到提升阅读效果的目的。但是目前能够识别VR绘本的机器人并不多，能够识别VR绘本的几款机器人也仅能够识别特定的VR卡片，如VR字母卡、VR单词卡、VR动物卡等，应用对象主要集中在低年龄段，并没有对所有年龄段的儿童进行全覆盖。因此，技术团队可以考虑在后续的研发中多开发一些VR绘本资源，将这些资源存入云端数据库，实现全年龄段儿童的VR绘本阅读，弥补目前服务对象较局限的不足，为所有儿童提供更为优质的绘本阅读情境，让儿童达到视觉、听觉、触觉等全方位交互式的体验。

第四节　多元智能理论下公共图书馆少儿阅读推广

公共图书馆长期致力于少年儿童的阅读服务，开展的少儿阅读推广活动日益丰富。多元智能理论对少儿的教育指导价值在全球范围内的实践中得到凸显，该理论的应用也延伸至公共图书馆领域。为了使理论更好地指导实践，笔者从多元智能理论的视角，通过阐述理论的主要观点，分析理论应用于少儿阅读推广活动的作用，提出对少儿阅读推广活动有益的策略。

一、多元智能理论下公共图书馆少儿阅读推广的作用

（一）符合少儿需要，提供清晰工作思路

多元智能理论①与公共图书馆少儿阅读推广活动都有相似性，这使得运用多元智能理论指导公共图书馆少儿阅读推广具有可行性。

多元智能理论的基础来源于对特殊儿童和脑伤患者的行为研究，目的在于促进儿童智能的全面发展。经过多年的理论研究和实践总结，公共图书馆作为文化机构，承担着社会教育的责任，少年儿童是其重点服务对象，少儿阅读推广活动就是通过将优质的图书推介给少儿读者，开展一些社会教育活动，达到满足少儿精神文化需求，提高少儿阅读素养，促进少儿全方位发展的目的。因此，多元智能理论契合少儿阅读推广工作实际，能为公共图书馆提供很好的工作思路。

（二）为少儿阅读推广指引方向，传递正确的教育理念

优秀的儿童馆员不应该仅仅是图书馆学专家，也应该是儿童教育专家、儿童心理专家和阅读专家。因此，儿童馆员掌握一定的心理学常识就很有必要。作为教育心理学的多元智能理论，其中的很多观点十分具有指导价值，值得儿童馆员学习借鉴。例如，每个智能的发展受身体的大脑神经系统影响，并且既互相独立存在又互相关联，人在解决问题时调动了多种智能。这就要求公共图书馆开展的少儿阅读推广活动应当多样化，以适应不同环境下儿童心理发展趋势；同时，丰富的活动形式和内容能调动儿童阅读积极性，形成在阅读中发现、发展多种智能；反过来，多种智能促进阅读的关系。这样的良性循环模式对促进少儿多元智能发展有着积极的作用。同时，该理论发现每个人都有自己独特的表现方式，应当尊重个性化发展，为"以个人为中心"学校模式提供了建立基础，这与公共图书馆"以人为本"的服务理念不谋而合，在认识少儿心理和智能发展方面发挥着指引作用。

二、多元智能视角下的少儿阅读推广活动策略分析

（一）以智能为依据，灵活选择活动类型

图书馆应当根据不同的智能选择不同的活动类型，通过调动儿童多方面的能力来促进

---

①智能理论包括：①言语——语言智能（口头语言智能）；②音乐——节奏智能；③逻辑——数理智能（逻辑数学智能）；④视觉——空间智能（视觉空间智能）；⑤身体——动觉智能（身体动觉智能）；⑥自知——自省智能（内省智能）；⑦交往——交流智能（人际智能）；⑧自然观察智能。

儿童多元智能的发展。比方说，在开发少儿言语—语言智能、身体—动觉智能、交流—人际交往智能时，注重培养听、说、读、写等能力，可以举办讲绘本故事、体验有声阅读、朗诵比赛、演讲比赛、书画创作等此类活动；如要锻炼少儿的逻辑—数理智能、视觉—空间智能以及自然智能，可以采用知识问答、科学小实验、创意手工制作等方式开展。

此外，一种活动类型并不是只为一种智能服务的，可以将调动儿童多种智能的活动形式融入一种主题活动中。例如，广西桂林图书馆的少儿活动——"跟着绘本去旅行"，集绘本讲解、手工制作、故事表演等多种方式于一体，让孩子在阅读、表达、动手及表演中，启发言语、动觉、音乐等多种智能，实现阅读促进智能的发展。

同时，还应积极利用各种新媒体技术，依靠微信、微博、抖音等媒体平台，开展一些新颖有趣的直播互动课堂、线上有奖知识问答等活动。通过不断完善更新，形成讲故事、图书推荐、演讲、征文、朗诵、游戏、绘画、手工制作、实验、展览等各种类型的少儿阅读活动。

（二）多种智能结合，丰富活动主题和内容

少儿阅读推广活动的主题和内容除了要契合世界图书出版要求，中华传统节日、科普宣传周或者各大纪念日等重大节点的大主题外，还应尽量贴近少儿读者阅读心理和需求，注重多种智能的结合，以激发儿童阅读潜能，提高阅读素养。在活动的主题和内容上，开展大众化的活动，以挖掘儿童的潜能。每次活动应兼顾不同儿童的特征，进行全面的潜能培养。全年可以围绕文学、艺术、历史、地理、生物、数理化学、自然科学、军事、体育、医学等不同主题设计阅读活动，并根据少儿读者的反馈情况，做相应的调整，适当向读者喜欢或者期望拓展的主题倾斜，加大该部分内容在活动中的比重。

（三）细分推广对象，筑牢家庭和学校的联系

多元智能理论认为人的智能是独特的，不同的人有不同认知方式和认识强项。不同年龄阶段的儿童具有不同身心发展特征和智能发展轨迹。因此，公共图书馆应当遵循儿童心理发展特点，根据不同年龄细分活动对象，策划适合不同年龄儿童的活动。

目前，公共图书馆是开展少儿阅读推广活动的主要组织者，延伸服务范围，让社会力量参与共同策划，才能达到效益最大化。其中，家庭和学校是教育孩子的重要场所，家长和教师是孩子阅读的主要影响者。因此，公共图书馆要特别注重与儿童联系紧密的家庭和学校进行合作，让家长和教师在阅读推广活动中起到参与和引导的作用。

公共图书馆在开展少儿阅读推广活动时，可以增加亲子互动的活动，让家长更多地参与进来，发挥家长引领、模范作用，融洽的亲子关系也能促进少儿多元智能的发展。公共

图书馆同样要注重与学校的联系，以阅读推广活动为契机，通过"走出去，引进来"的方式，配合学校进行教育。如定期开展"送书进校园"、图书漂流、演讲、朗诵、书评比赛等活动，拓宽学生的知识视野，培养学生创造、感知、思考的能力；学校组织学生到图书馆参加阅读活动，图书馆针对每个学生，为不同年级的学生设计适合的课程，邀请专业的教师进行学科知识方法、心理教育、文学、艺术、科学等各方面的讲座、培训。图书馆通过馆校之间的合作，形成推动孩子智能发展的合力，促成教育的最大化。

第五节 智能虚拟助手助力公共图书馆读者开展数字阅读

智能化时代，智能助手已经广泛应用于社会多个领域。智能助手是基于人工智能的对话式服务，提供自然的人机交互模式，以"对话即平台"构建智能化时代的虚拟空间。智能虚拟助手在使用上具有易用性和跨平台性，在交互上更加自然化和人性化。在公共图书馆读者数字阅读中，设立智能助手，用户可以提出疑问，智能机器人通过调取答案回答，帮助读者高效获取阅读信息与资源帮助。

一、公共图书馆的智能阅读助手构建

公共图书馆的数字阅读服务在"人工智能+"背景下，可依托智能问答技术创新构建多样化、个性化的智能阅读服务。构建智能阅读助手，不仅可以快捷、准确地解决用户的阅读需求，让读者在与智能助手的互动中，更好进入阅读状态，获得更多的知识，而且加入推荐服务为目标读者推送有价值信息，能有效提升用户的需求满意度，加强用户黏性，提升数字阅读体验。

构建基于智能推荐的阅读助手，包括输入信息、自然语言处理、问答、智能推荐、输出和结果显示模块。输入模块，用于输入用户提问信息；自然语言处理模块，用于对提问信息进行数据结构化和数据处理，获得处理结果；问答模块，对用户提出的相关问题给予答复，帮助用户解决阅读难题，进行下一步阅读；智能推荐模块，用于对用户行为数据进行分析和挖掘，补充和丰富所获得的处理结果，并得到带有推荐内容的完整结果数据，个性化推送用户喜欢的数字资源，吸引用户阅读；输出模块，用于对结果数据进行封装；结果显示模块，用于显示问答结果。

（一）自然语言处理

机器对人类语言的理解改变了人机交互的界面，人工智能通过自然语言处理（Natural

Language Pprocessing，NLP）来实现人类学习与机器推理的结合。人类自然语言存在着多义性和歧义性，需要语义层面的分析与理解。

NLP 是使用计算方式处理语言数据，目的是通过包含语言结构的解释建立文本表示，验证自然语言中的拼写错误、句子结构、语义关系等。智能虚拟助手使用 NLP 技术，计算机化由单词、短语或句子组成的特定问题，智能问答系统基于自然语言处理技术，深入理解用户意图，并通过智能助手以准确、简洁的方式和更接近于用户的语言习惯进行回答，满足用户需求。

（二）问答模块

用户输入问题后，将问题通过问题分析模块分类处理，利用相似度匹配问题集，寻找答案，若问答库中无模板，即从档案知识库中提取答案，存储进问答库，输出答案。

1. 知识库

知识库是结构化的知识集群，知识图谱是知识可视化的表示方式，知识库与知识图谱决定了智能信息处理响应不同情境时决策的复杂度。智能问答系统通过知识库为用户提供准确的答案。数字资源是图书馆开展数字阅读推广活动的重要部分，丰富的数字资源为阅读活动提供了基础保障。将非结构化的数字化阅读资源整合处理，形成结构化的知识图谱作为问答系统的知识库，以三元组的形式存储，提高信息利用率。发掘数字资源之间的关联，将不同类型的知识单元关联聚合，形成庞大的知识网络，实现资源的深度挖掘。

数据的质量决定了信息的质量，知识表示是否统一、准确基于底层数据的构建，以数字阅读资源为核心进行清洗、分类与整合。通过本体建模的方式，对知识和数据从概念、属性、关系上进行组织，构建知识模型，以自底向上的方式构建知识图谱。

2. 问题分析

用户输入问题文本，对输入的自然语言进行问题分析，完成分词、词性标注、实体识别与实体消歧的工作，分类问题文本，通过构造标准的查询生成模板与问题类别，并返回相应的结果，转化为用户易于理解的形式。智能问答核心是知识推理，对问题与答案进行准确分析，使之能正确匹配。问题分类把问题分为几种语义类型，缩小了答案的搜索空间，对系统的整体设计至关重要。对于给定的问题，智能问答系统在于识别问题类型，预期答案的格式。

3. 问答检索

核心就是对问句进行理解，给出符合的答案。用户发出查询请求时，智能问答系统进行解析与推理，根据用户提问采用分词能力对描述问题智能分解，根据预先建立的候选问题集，计算问题的相似度。查找相似度符合的问题—答案对集合中相匹配的知识，对应的结果直接输出给用户。

问题重构为将用户恰当或不恰当的问题转换为自然问题并指定到相关领域，且每次提问自动更新至问题集。若虚拟助手可实现用户聊天内容上下文语义分析功能，引导用户明确模糊或有歧义的问题，以便更准确回复用户。

（三）智能推荐

智能助手为用户提供两种推荐服务：

1. 用户行为数据挖掘

深入挖掘用户行为数据，对所获取的数据进行数据挖掘、聚类等分析，优化推荐服务。数据挖掘是从文本数据中抽取隐含的、潜在知识价值的过程，利用读者阅读的历史记录挖掘读者的阅读期望，结合用户大数据分析，在海量资源中快速筛选符合用户需求的内容，确定阅读推广模块核心用户群，分析用户增长趋势与属性特征，确定推广资源为用户推送，提高阅读推广的效率。通过推荐欢迎度较高的数字资源，扩大用户群体范围，培养用户阅读习惯，展开针对性的个性化推荐服务，实现公共图书馆文化资源的传播。

根据用户行为数据反馈，提取有价值的内容实体，丰富语义信息，使智能助手更贴合人的思维模式。智能助手深入了解用户的阅读行为，如阅读的频率、完成阅读任务的能力、阅读类型等，用于用户行为数据分析，为用户更好地进行个人服务、推荐活动等。同时，对于相似内容问题提供语义模板，以便再次检索时减少人工服务的次数。通过强化学习（RL）的策略，机器学习与用户反馈行为信息相结合，实现智能问答的自动改进，建立多渠道的反馈机制，利用深度学习优化模型，提升效率，改善用户体验。

2. 个性化推荐机制

个性化信息推荐机制主要采用协同过滤（Collaborative Filtering，CF）方法，保留个体的特征，基于CF的推荐系统通过分析用户的偏好行为，挖掘相似的用户或项目关联，得出推荐结果推送给目标用户，优化用户及项目特征预测、补全及提取规范化以提升相似度计算精度、推荐效率。常用的方法有基于用户的协同过滤与基于项目的协同过滤。

（1）基于用户的协同过滤核心是用户，发现相似用户的偏好，匹配相关数字资源，推荐给目标用户。

（2）基于项目的协同过滤核心是项目，用户喜欢与其历史偏好相似的书籍，根据以往喜好预测具有相同特征的相似项目偏好程度，推荐给目标用户，原理与基于用户的推荐类似。

二、公共图书馆数字阅读的智能虚拟助手应用

公共图书馆应该突破原有的思维模式，优化数字化技术平台、改变阵地服务的固化思维，提升阅读服务。人工智能在个人助手领域的应用，增强了搜索设备的执行力，提升了检索效率。利用人工智能技术构建个性化的用户交互平台，未来阅读助手是基于场景的个性化的智能定制，利用多样化的设备带来全新的阅读体验，更主动了解用户、与用户交互，便捷分享、交流与学习。

（一）提升馆员信息技术能力，保证后台运作

随着"人工智能+"技术与馆藏数字资源的融合，公共图书馆采用智能客户端、在线网站检索等多种方式开展数字阅读服务，但馆员缺少数字化管理的经验，需要提高信息技术的能力。

公共图书馆为用户提供更好的服务体验的同时，需要进一步加强图书馆专业人才的培养，提升馆员在互联网阅读推广中所需的专业素养。馆员须具备专业的图书馆业务知识，掌握专业技能，定期进行知识和技能培训，提高工作效率，增强服务效果。馆员可以参与用户的交互，在服务过程中与读者深度探讨，挖掘读者真实需求，提升阅读服务体验，树立"以用户为中心"的服务理念，提高自身服务的专业性。馆员须提高人际交往能力，鼓励馆员阅读书籍，促进馆员、读者之间的双向沟通，留存忠实的阅读用户，发掘潜在用户。公共图书馆应加快构建一支高素质、业务能力强的馆员队伍，提升用户使用图书馆资源和服务的体验。

（二）多样化内容丰富数字阅读资源

公共图书馆数字阅读重点是内容，而内容质量是吸引用户的关键，高质量的内容对推动全民阅读起到促进作用。数字阅读须提供有营养、高质量的内容，从公共服务、文化引导等多方面干预，同时采取政策措施，引导、鼓励优秀阅读内容的传播。

数字阅读以内容生态布局为依托，通过互联网技术的深度融合，将多媒体内容加入阅读推广中，丰富的多元化数字资源可以提高读者的参与度与满意度，极大地增加了用户的阅读兴趣，给用户新的阅读方式呈现。阅读内容必须是为用户（读者）提供有价值的信息，将数字文献资源丰富化，根据用户的行为数据，建立用户阅读的兴趣图谱，呈现多媒体式的主动信息推送方式，提供不同的数字阅读深度服务，以满足不同用户群体、不同年龄阶层的不同需要，适应数字阅读的个性化特点，从而更好地为用户服务。

(三)"5G+阅读"扩展阅读服务方式

公共图书馆基于云端的全媒体服务，将数字阅读覆盖手机、平板等智能移动终端和互联网电视平台，读者在线上随时随地阅读，加入在线视频、语音互动，提供更加良好的体验。公共图书馆提供有声阅读服务，是图书馆职能的升华和责任的体现，也是以人为本理念的深化。智能语音模式极大丰富了用户的感官体验，激发用户的阅读兴趣，使阅读更加便捷。

5G模式的开启，赋予阅读推广活动更多的可能。公共图书馆以用户为中心的数字阅读服务迎来发展空间，用户对网络化服务有着强烈的亲切感，智能虚拟助手应用于数字阅读服务，为读者提供了情感化的沟通路径与阅读支持功能，辅助了读者的阅读过程。读者以自然语言方式"提问—回答"，发挥"智慧"分享、传播知识，解决难题。基于推荐的方式能更好地满足读者阅读需求，注重个性化学习。智能助手已成为用户进行信息交流，满足个体知识需求的重要方式，在数字阅读中激发读者兴趣，带来全新阅读体验，推动全民阅读发展。以人类的方式理解对话语境与上下文语义，并与情绪相结合，是智能虚拟助手需要突破的瓶颈，需要学者更加深入研究。

第六节 多源数据融合驱动的图书馆智能化阅读推广平台设计

一、图书馆智能化阅读推广平台的多源数据分析

多源数据融合是指对不同来源、不同结构或相同结构的数据进行判断、清洗、分析、集成的过程。多源数据融合可分为阶段性融合、特征拼接融合和语义融合。数据阶段性融合是指分阶段处理数据，先处理一种类型数据接着再处理另一类型数据；特征拼接融合是指利用深度学习、特征串联等方法融合多源数据；语义融合是指通过相似度算法、知识关联等方法识别数据特征与特征之间的关系，并进行数据语义信息融合。

图书馆智能化阅读推广平台的数据来源分为用户数据、资源数据和场景数据。用户数据是图书馆开展精准化阅读推广服务的主要数据来源。随着图书馆举办阅读推广活动次数的增加，用户与图书馆的互动日益频繁，用户的特征信息以及不同场景下的阅读推广活动数据均被广泛记录在图书馆的各个服务平台上。此外，图书馆资源数据是图书馆开展阅读推广服务的基础，将用户数据、场景数据与资源数据精确匹配，可以为用户提供精准化、个性化的阅读服务。

第一，用户数据。用户数据包含基础数据和行为数据。用户基础数据是表征用户基本属性的数据，包含用户的基本信息数据和科研信息数据。用户特征数据可通过记录用户注册信息、问卷调查、数据库等方式获取。用户行为数据是指用户使用图书馆资源以及参与相关图书馆阅读推广活动的数据，如借阅数据、学习数据、数据库使用数据等。图书馆官网、公众号、馆藏数据库等设备上记录了用户的使用数据，能够反映用户使用图书馆资源进行学习、科研等的细节数据。图书馆通过深入挖掘这些行为数据，为后续用户画像分析奠定数据基础。

第二，资源数据。图书馆资源数据包含图书馆本身的馆藏资源以及其他机构共享的资源数据，数据类型包含图书、期刊、专利等，馆藏资源可通过各种类型的数据库获取，共享的资源数据可通过开源数据库以及共享的知识服务平台等获取。

资源数据是图书馆开展智能化阅读推广服务的关键，随着数字图书馆建设的推进，数字资源的类型和数量爆发式增长，图书馆开展阅读推广服务时需要综合利用这些资源数据，为用户提供高质量的知识服务。

第三，场景数据。场景数据是图书馆开展阅读推广服务应用场景数据，主要包括与活动开展相关的空间数据（如空间面积、空间的地理位置等）、设施设备数据等（如电脑、投影仪、实操仪器设备等）。服务场景数据一般是基于以往图书馆开展阅读推广活动时的记录所得。

多源数据融合驱动的图书馆智能化阅读推广平台建立用户数据、资源数据、场景数据三者间的关联关系，从而实现精准化、智能化、个性化的阅读推广服务。

二、多源数据融合驱动的图书馆智能化阅读推广平台架构

多源数据融合驱动的图书馆智能化阅读推广平台架构分为基础数据层、数据融合层、平台系统层。基础数据层是服务系统多源数据融合驱动的基础，包含用户数据、资源数据和场景数据；数据融合层主要进行多源数据的融合，为系统搭建提供高质量的数据集合；平台系统层是阅读推广平台的应用层，面向用户提供智能化的阅读服务。在广泛采集多种数据来源的基础上，充分利用数据融合技术，实现数据分析、集成与关联，进而为用户提供精准化、智能化的阅读推广服务。

第一，基础数据层。基础数据层是实现多源数据驱动构建智能化阅读推广系统的基础，图书馆需要广泛采集多源异构或同构数据，为后续数据融合奠定基础。基础数据层数据包含图书馆馆藏资源数据、用户特征数据以及图书馆在开展阅读推广活动所需的场景数据、活动数据等，数据采集过程中要尽量避免数据缺失，保证数据完整性。

第二，数据融合层。数据融合层是实现智能化阅读推广服务的关键，从数据采集、分

析到融合、应用,为后续系统服务奠定基础。①收集和分析用户数据,分析用户需求,建立用户画像模型,分析用户特征和用户阅读偏好;②系统建立用户特征数据、用户需求数据、资源数据、涉及场景数据间的关联关系,进行数据融合,形成关联数据集。数据融合层主要智能数据分析技术、数据关联技术、知识网络技术、感知技术等技术,通过上述技术为多源异构数据融合提供保障。

第三,平台系统层。平台系统层包含四个模块:①阅读活动管理模块。阅读活动管理模块主要管理阅读推广活动内容,包含活动筹备、执行、反馈评价等。②资源管理模块。资源管理模块主要存储各类出版资源、原创作品共享资源等,可为用户提供精准的资源推送服务,系统根据用户需求的动态变化实时调整资源存储,不断完善图书馆资源配置。③个人信息管理模块。个人信息管理模块主要存储用户的阅读足迹、活动记录和基本信息,支持用户进行系统登录以及自主化资源使用。该模块可实现用户个性化资源收藏、下载、分享等服务。④数据安全模块。数据安全模块主要提供后台安全保障服务,防止个人数据与资源泄露。该模块严格把控数据采集、存储等环节,并进行数据安全检测,当可能出现数据安全危险时及时向用户和图书馆提供安全预警,从而全方位保障数据安全性。

三、多源数据融合驱动的图书馆智能化阅读推广平台业务设计

第一,多源数据采集。由于用户数据、资源数据、场景数据广泛分布在不同的系统平台和设备中,数据量大,数据类型各异,因此需要利用不同的技术进行数据采集。一方面,可以利用结构化数据采集工具抽取标准化数据;另一方面,可以利用非结构化数据采集工具采集用户访问数据、场景数据、开源网络数据等非结构化数据。在数据采集过程中,如碰到系统接口标准不一的情况,可将数据抽取到临时表或者数据交换平台进行存储,以便后续跨系统数据调用。

第二,数据处理。由于用户数据、资源数据和场景数据来自不同的数据库、文件系统等,易受到数据冲突、数据缺失等影响,因此需要对多源异构或同构数据进行处理,提高数据的易用性。数据处理流程包含数据清洗、转换、统一、集成等环节,被处理后的数据可以整体提高数据质量,以保证多源数据融合的准确性与价值性。

第三,多源数据融合。多源数据融合是图书馆智能化阅读推广系统构建的关键环节,服务系统可分别从用户需求关联、时空关联、资源关联等维度建立多源数据融合规则,搭建统一的数据整合框架,集成不同类型数据的关系特征,建立关系网络,从而实现多源异构数据的融合认知计算与融合分析,为后续图书馆阅读推广平台应用赋能。

第四,应用服务。多源数据融合驱动的图书馆智能化阅读推广系统应用服务内容包含智能化推送服务、智能化检索服务、互动交流服务、自主学习服务等。智能化推送服务是

指服务系统将用户画像分析结果与资源数据相匹配,为用户提供个性化资源推送服务,同时根据用户动态需求变化及时优化调整推送内容。智能化检索服务是指用户在该系统中输入检索词,系统可根据用户需求提供资源下载路径、知识推荐、知识关联等服务。互动交流服务是指一方面用户可以实时与图书馆馆员沟通交流,获取所需的阅读资源;另一方面用户可以与共同参与阅读推广活动的其他用户进行互动交流,进行阅读心得分享,迸发出新的灵感。自主学习服务是指用户可通过该系统参与专题讲座、培训等活动,提高自身的阅读素养和信息素养。

总之,多源数据融合驱动为图书馆阅读推广活动提供了新途径和新思路。未来图书馆一方面要不断完善阅读推广服务制度,从组织架构、人员配置、宣传机制、活动目标等整体规划阅读推广活动,促进图书馆阅读推广规模化、系列化发展,为阅读推广平台的优化完善奠定制度基础;另一方面要构建系统评估体系,完善用户反馈渠道,不断为用户提供高质量的阅读服务以及丰富用户的阅读体验。

第七章　图书馆智能化阅读的个案研究

第一节　智能化时代高职图书馆移动阅读服务创新

一、移动阅读与移动图书馆阅读服务

（一）移动阅读的含义

移动阅读服务是在数字图书馆技术和移动互联网技术日趋成熟和普及的背景下新出现的一种阅读服务形式，图书馆移动阅读服务的初期是以数字图书馆资源作为移动服务的底层资源，利用技术实现阅读资源的可移动化，以满足用户对阅读资源的移动浏览、下载和阅读。移动阅读是指在移动互联网环境下利用移动通信终端设备获取文献信息的行为，是借助于目前比较成熟的移动通信技术、信息技术及多媒体技术，使用智能手机、平板电脑、电子阅读器等移动设备，为用户的阅读活动提供内容收集、整合、揭示、发现、查询、获取、展示等一系列服务。

移动阅读无论是服务形式还是服务内容，借助移动服务终端不断增加新的功能，在丰富服务形式的同时，不断深化、整合阅读资源的服务内容，以随需而动的服务理念契合用户个性化、碎片化、专业化等多样化的阅读需求。在图书馆移动阅读服务中，图书馆是移动阅读服务的主体，广大师生是移动阅读服务的客体，移动阅读设备是主要载体，多媒体和无线网络技术是重要的技术支持与依托。移动阅读在信息化时代具有较为明显的特征优势。

第一，与传统的阅读服务模式相比较，移动阅读服务具有阅读方便、快捷、费用低的特征。移动阅读可以随时随地获取相关的文献信息，与传统阅读服务相比较减少了检索和借阅时间，使用过程方便快捷。

第二，移动阅读所拥有的数据库信息储存量较大，信息内容丰富、用户提取信息方便；此外，随着移动设备技术的不断发展，移动阅读终端设备的性能逐步提高，如保护眼睛、无辐射、超长待机，与纸质阅读习惯相近且轻便、储存量大，正逐渐地取代传统的书籍阅读方式。

第三，移动阅读服务可利用微信、微博、抖音、视频号等自媒体平台，加速信息的裂变和传播，让阅读服务信息的传播速度发生了质的飞跃。

（二）移动图书馆阅读服务

移动图书馆阅读服务的方式是针对特定 IP 范围开放数据库资源权限，移动图书馆服务平台通过在图书馆 IP 范围内设置代理服务器，利用注册的方式实现阅读资源在移动终端访问。移动图书馆在保留阅读资源数据加密措施的基础上，将阅读资源转换为适合手机移动终端使用的统一界面，解决移动图书馆在移动终端广泛应用的技术瓶颈，同时在系统的应用层、业务层和数据层全面整合各种阅读资源的应用与管理，为移动阅读打通技术壁垒。

移动图书馆通过网络平台层、数据资源层、应用支撑层、业务应用层实现图书馆信息管理系统、数据库资源和订阅系统的集成，构建信息交流互动平台。其中，移动图书馆与图书馆信息管理系统的集成实现了书目系统与数据库资源的集成，实现了移动阅读资源的一站式检索与全文移动阅读；订阅功能的集成包括新闻、图书、报纸、杂志、图片等频道分类，为用户提供多源信息的个性化移动阅读体验。在移动图书馆阅读服务功能模块中，阅读资源的集成实现了数据库资源的统一检索、统一调度和全文阅读。移动图书馆信息互动平台功能主要实现了移动阅读的评论和分享，在阅读图书时可以进行评论、添加心得，通过账号绑定也可以分享给微信、微博等好友。

二、图书馆移动阅读服务的用户价值分析

（一）图书馆移动阅读服务对用户的影响分析

第一，移动阅读服务改变了用户信息获取方式。在信息获取方面，传统的阅读服务要求读者在网络检索完，获得书籍编码后，到图书馆进行纸质图书查找，手续烦琐且花费的精力较多。与此相比较，使用移动阅读服务的用户利用移动终端即可随时随地查阅书籍信息，快捷方便。

第二，移动阅读服务改变了用户的阅读习惯。移动阅读服务是信息技术和移动设备终端发展的产物。随着无线网络等技术的快速发展以及移动终端设备技术提升，移动阅读的便携性和即时性使得手机阅读、平板阅读等成为高职师生常见的阅读方式。

第三，移动阅读服务引发高职的碎片化阅读潮流。现今，学生和教师的学习、生活节奏较快，进行书籍阅读的集中时间较少，使得大部分高职师生要在短暂的、间断的空闲时间中展开阅读和获取信息。移动阅读服务恰好可以满足用户阅读时间的需求，让用户在非

连续性的短暂时间内都可以进行阅读和信息的搜索、获取。但是，移动阅读服务呈现碎片化的特征，即用户一次性阅读或获取信息量不大、不连续，导致用户移动阅读的内容大部分集中在节奏快、随意性的新闻、动态信息、小说等消遣性内容，缺乏专业性和学术性文献的阅读。这种由移动阅读服务引起的碎片化阅读方式，缺乏系统性的思维判断，一定程度上影响用户良好的思维习惯的养成。

（二）图书馆移动阅读服务下用户的信息需求分析

第一，阅读内容的多样化需求。随着 5G 网络的逐步覆盖，以及智慧校园建设过程中 Wi-Fi 的全校覆盖，移动阅读终端设备能够流畅呈现文字、视频、音频、图片等多种文件格式。因此，学生和教师用户在采用移动阅读时，更希望能够接收到多样化的信息表达。学校图书馆在开展移动阅读服务时，可以尝试通过视频、音频、文字、图片等多样综合的方式进行传播推广。

第二，移动碎片化的阅读需求。近年来，学生和教师利用手机等进行移动掌上阅读已经逐渐成为主流的阅读习惯。同时，微信、抖音、微博等自媒体的兴起与发展，使得信息的更新速度更快，信息传播的形式更加多样化，进一步推动了高职用户碎片化阅读的发展。此外，移动阅读成本比较低，也是吸引用户采用移动阅读的重要因素之一。从实际来看，目前高职用户移动阅读的内容主要是以休闲娱乐为主，这部分内容最大的特征是碎片化，比较符合用户的移动阅读特点。

第三，多元化信息获取途径的需求。移动阅读服务的出现，增加了读者获取信息的渠道，知识的获取不再是局限于课堂或者是图书馆的纸质书本，而是利用手机等移动设备通过网络就可获取。因此，在移动阅读服务快速普及的背景下，用户同时也渴望信息的获取途径能够增加，能够从不同渠道获取到自己想要的信息，特别是一些即时性和动态性的实时资讯。

三、智能化时代图书馆移动阅读服务创新——体验型移动阅读体系

智能化时代，图书馆移动阅读的创新都需要依托平台功能、资源和微营销构建"工具+社交+内容"的体验型移动阅读体系，打破图书馆移动阅读服务平台功能壁垒，改变传统服务功能割裂的状况，实现移动阅读的整合功能。

（一）体验型移动阅读体系特色

体验型移动阅读体系功能整合的实现方法是利用智能化移动阅读平台的用户自服务功

能,将移动阅读的各个层面、各个环节、各种策略加以系统地规划和整合,增强移动阅读的内部互动,以此提升用户在移动阅读平台上体验的持续性满意度。体验型移动阅读体系的规划和整合从策略、资源、数据3个方面入手,以互动、整合为核心策略,通过互动、整合资源,在线上和线下形成一套完整的互动体系,实现即时反馈、实时更新的服务特色,并且这种服务特色通过用户自服务功能进一步得到增强。体验型移动阅读体系利用用户自服务功能有效地解决了规模化阅读和定制化阅读的矛盾,移动阅读平台提供大量的工具和培训,让用户在后台的支撑下完成自我服务,以此满足用户阅读深度定制化的阅读体验。

(二) 体验型移动阅读体系模式的构建

体验型移动阅读体系的特色决定了体验型移动阅读体系在横向上拥有底层、中间层和最高层3个层面,其中底层以资源为中心,中间层以平台为中心,最高层以社交为中心。在体验型移动阅读体系中:资源成为体系入口;平台作为体系的中间功能层,基于阅读兴趣、阅读内容把分散的用户阅读需求聚拢在一起,成为新的共同需求,从而逐渐形成规模,实现重聚的价值;社交成为体验型移动阅读体系的沉淀层,对于一些有同样阅读偏好的用户,深度挖掘他们的需求和体验。

在社交层面,用户移动阅读的需求已经不再停留在功能层面,更想表达自己的阅读体验,因而社交层面需要创造机会让用户感受到阅读的价值,从而对移动阅读平台产生黏性。体验型移动阅读体系在横向构建中需要在重视用户阅读体验的基础上,多元化整合资源,形成一个开放的移动阅读体验平台,利用开放的平台功能,从移动阅读提升到用户体验,从资源整合到阅读传播,实现体验型移动阅读体系的无障碍"工具+社交+内容"服务模式,以此提升移动阅读的整体竞争力。体验型移动阅读体系的构建在横向三个层面的基础上,还需要以资源、用户需求和营销为纵向的立体维度,进行多角度构建,形成多媒体矩阵,利用线上、线下、传统、新兴等各种营销手段提供增值服务、资源推广、品牌树立、阅读导向,形成一个有层次、多维度的"工具+社交+内容"的体验型移动阅读体系。

体验型移动阅读体系具有多重功能,从资源聚合、用户需求挖掘与可视化到移动阅读服务营销,其核心功能是为平台阅读提供众多服务、通过快速汇聚资源满足用户多元化和个性化阅读需求,基于社交满足用户互动性和阅读需求。

(三) 体验型移动阅读体系核心功能的实现

体验型移动阅读体系核心功能的实现需要对移动阅读平台的文本数据进行分析,即通过信息检索、信息提取、数据挖掘和网络挖掘把文本数据转化为可执行的信息,利用移动阅读平台功能满足用户阅读需求。

体验型移动阅读体系核心功能的实现能够发现资源的主题，并归置在预先制定的类别之下，也能够将没有预先制定的类别归类到相似的文档，从而将相关的文档连接在一起，结合用户浏览的阅读记录、社交的活动文本通过网络分析预测用户的阅读兴趣、阅读习惯，形成可执行的信息，为平台的用户自服务功能提供底层数据支撑。

总之，随着信息技术、网络技术、多媒体技术和移动技术的发展，移动阅读实践形式将越来越多样化，但互动化、个性化阅读方式仍将成为移动阅读服务的主要定位方向，移动阅读平台通过与相关技术的进一步融合，利用"工具+社交+内容"的体验型服务体系持续增强用户在移动终端的阅读体验。

第二节 基于"互联网+"的高职图书馆智慧服务研究——以大连职业技术学院图书馆智能化经典阅读推广服务为例

智慧服务是指运用数字化、网络化、智能化最新科技，互联、高效、便利地为个人或机构提供高品质服务。智慧服务水平是高职图书馆整体办馆水平的标志之一，图书馆如何紧紧围绕院校发展的目标，凝聚全馆共识，牢固树立主动为读者提供智慧服务的意识，全方位提升图书馆智慧服务水平，更好地为书香校园发展服务，加大图书馆智慧服务力度，有利于促进图书馆可持续发展。

加强"互联网+"高职图书馆智慧服务的对接，创新"互联网+"高职图书馆智慧服务的理论研究和实践探索，发挥互联网技术增强图书馆智慧服务水平已经成为高职提升内涵和提高办学质量的重要法宝，也成为图书馆适应新时期发展的新的重要职能和使命之一。

一、高职图书馆智慧服务的转向定位

高职图书馆智慧服务是提高图书馆资源使用率和服务效率的必然要求，是满足用户需求、实现数据服务增值的必然选择。对此，在"互联网+"视角下，高职图书馆智慧服务的转向应从以下方面进行定位：

（一）资源服务转向需求服务

进入"互联网+"时代，大数据、云计算、物联网等信息技术在图书馆知识服务中得到广泛运用，移动互联、智能搜索、智慧终端等信息技术的更迭，让读者信息资源获取更加便捷、迅速。

高职图书馆知识服务必须顺势而为、顺势有为，主动适应知识服务场景泛在化的形势，从增强读者的知识服务体验着眼，将以馆藏为主的资源服务转向以体验为主的需求服务，如此，才能更好地满足高职内涵式发展的要求，真正做到以读者为中心。

（二）后觉服务转向先知服务

在"互联网+"视角下，图书馆可以利用大数据、云计算、物联网等信息技术手段对读者知识服务痕迹进行挖掘、整合、分析，并得出读者的知识服务需求，进而给读者提供精准化、个性化的知识服务。因此，高职图书馆知识服务的未来走向，必然体现为拓展服务种类、知识服务决策参考、主动把握读者服务需求等方面，要实现这些服务内容，就要突出图书馆知识服务的先知性，通过大数据系统、智能分析决策系统等在知识服务中的广泛运用，挖掘读者的知识服务需求，为其提供智慧化服务。

（三）单向服务转向互动服务

"互联网+"时代，读者知识服务呈现出个性化、多元化趋势，读者无须步入图书馆，只需要在图书馆客户端提出服务需求，便可以获得信息推送、信息咨询服务，这与高职大学生顶岗实习、跟岗实习等学习模式高度吻合，适应高职教育教学改革。更为重要的是，在信息技术条件下，如此互动性的服务模式具备实现的条件，只需要对全馆资源甚至行业资源进行整合，建立数据资源的索引库，便可以开展互动性服务。可见，对于高职图书馆智慧化服务的转向，从单向服务转向互动服务是必然。

二、"互联网+"背景下高职图书馆智慧服务的意义

（一）实现最大化利用图书馆资源

利用"互联网+"帮助广大师生全面掌握《中国学术期刊全文数据库》的检索方法和使用技巧，提高文献检索的效率，更好地推动学校教学、科研工作的顺利开展。同时也增强图书馆的信息服务能力，提升图书馆数字资源利用率。"互联网+"背景下高职图书馆智慧服务是图书馆发展的方向和必然趋势。图书馆购买大量的文献资源，门类丰富，载体多样，特色鲜明，"互联网+"智慧服务可以使资源得到有效利用。

基于"互联网+"的高职图书馆智慧服务是一种高层次的服务模式，综观发达国家图书馆智慧服务繁荣发展，主要是利用"互联网+"提供精准服务，提升馆员智慧服务技能。"互联网+"对高职图书馆智慧服务来说如同锦上添花，与高职图书馆智慧服务频繁互动，实现最大化利用图书馆资源。

（二）为书香校园建设提供有力的智力支持

科学技术日新月异，文化是高职的血脉，是师生的精神家园。增强校园文化软实力、影响力需要提高图书馆在文化建设的作用。创新服务模式，推动校园文化大发展大繁荣，是当前高职图书馆人需要思考的问题。图书馆有责任积极开展各种类型的服务，不断拓展图书馆智慧服务的广度与深度，提高校园文化凝聚力和创造力。

互联网突破了传统图书馆服务的时空限制，可延伸到任意角落跨时空进行。高职图书馆积极利用"互联网+"智慧服务开展国学经典阅读推广，传承和弘扬传统文化，对于提升师生读者的文化自信，促进高职图书馆蓬勃发展的竞争活力，有着不同寻常的意义。

三、"互联网+"背景下高职图书馆智慧服务措施

（一）构建高职图书馆智慧服务联盟

高职图书馆本着"优势互补、资源共享、互惠双赢、共同发展"的原则，利用"互联网+"构建高职图书馆智慧服务联盟。发挥智慧服务联盟的作用，利用"互联网+"开展灵活多样的智慧服务交流活动，开展智慧服务的讲座，探索智慧服务的创新模式。

大连职业技术学院[①]图书馆利用"互联网+"开展主题鲜明、内容丰富，形式多样的经典阅读推广服务，提升读者的经典阅读兴趣，吸引读者通过经典阅读感同身受"修身、齐家、治国、平天下"的大气与豪迈。创新智慧服务模式，根据实际，充分利用智慧服务联盟人才优势和资源优势，基于"互联网+"与兄弟院校进一步加强合作，达到经典阅读优质资源共享，并以"互联网+"为平台，在图书馆经典阅读志愿服务、馆员经典阅读推广技能培训以及图书馆经典阅读推广文化建设等方面做足做好文章。

（二）形成"互联网+"智慧服务的新生态

针对高职图书馆智慧服务实际深入探索有效模式，在顶层设计方面注重互联网和以人为本的服务相互融合。构建完善的管理制度，强化监督考核，发挥制度的规范、保障和引导作用，彰显规章制度的规范价值。

设计"互联网+"背景下高职图书馆智慧服务方案，打造实践新范式。挖掘"互联网+"的潜能，推动高职图书馆创新智慧服务模式提高服务效益，形成"互联网+"

[①]大连职业技术学院是大连市人民政府直属的现代化高职院校，是全国百所"国家示范性高等职业院校"之一，位于辽宁省大连市。

视域下高职图书馆智慧服务知行相融的新生态。

大连职业技术学院图书馆结合"经典书香润校园"读书活动，利用"互联网+"推出的系列经典阅读数字资源培训讲座，介绍图书馆订购的经典文献的获取方法，即如何与所学专业结合阅读经典，如何将晦涩难懂的经典通俗化，如何选取经典文献，与广大读者进行了精彩的互动。依托"互联网+"引导大学生读者读经典要"取其精华，去其糟粕"。通过传播"天行健，君子以自强不息；地势坤，君子以厚德载物"等传统文化精华增强师生读者民族文化的自信心。

（三）开展形式多样的智慧服务

探索高职图书馆智慧服务模式，通过"互联网+"举办形式多样的馆员智慧服务职业技能培训。高职图书馆拥有信息资源和专业技术人才优势，通过高职图书馆智慧服务提升图书馆自身形象和高职影响力，让读者感受图书馆文化高地的魅力，培养读者高度的文化自觉和文化自信。

大连职业技术学院图书馆实现线上虚拟经典阅读器与线下传统经典阅读推广相结合，有计划地、合理地、科学地针对教学科研和学校文化素质教育的需求，合理配置经典阅读资源，精选优秀经典阅读书刊，加强智慧服务建设，以国学经典所蕴含的"仁、义、礼、智、信"帮助读者提升文化自信，扩展读者的文化视野，使图书馆真正成为经典阅读的圣殿。

（四）通过"互联网+"组建智慧服务学科馆员团队

通过创新图书馆"互联网+"智慧服务的实践，明确树立"智慧服务是做好图书馆服务之本"意识，高职图书馆全体馆员业务技能、职业道德水准和智慧服务水平以及精神面貌是构建和谐图书馆、提升智慧服务的基本保证，打造图书馆智慧服务学科馆员团队，深入学科、专业发展前沿，了解其发展动态，了解学科带头人、专业带头人及科研工作对文献资源的需求，以读者为中心，广、快、精、准地提供文献信息服务，坚持实用、科学、可行、特色原则，与学科和专业发展相一致，达到图书馆资源与读者需求之间的和谐，依据读者的文献需求，建设具有本校专业特色的资源数据库，使馆藏文献实现高效利用，文献资源的采购更符合学科发展趋势，努力构建一个和谐型的馆藏文献资源体系。

大连职业技术学院图书馆运用"互联网+"提供精准化、个性化的经典阅读推广，向读者推荐最感兴趣的经典，并通过相应的管理系统及评价体系对读者阅读状况进行评价，评选优秀读者。学科馆员全面负责"互联网+"经典阅读推广工作，定期开展读者满意度调查，及时反馈，以此进行考核、评价及奖励。

（五）通过"互联网+"搭建高职图书馆智慧服务互动的桥梁

互联网技术拓展图书馆智慧服务的网络化空间，促进高职图书馆智慧服务互动实现数字化、智能化、协同化发展，信息资源跨界融合共生，打破传统高职图书馆服务模式。自媒体特色的互联网实时交互功能接人气接地气，依托互联网，搭建高职图书馆智慧服务互动的桥梁。

针对师生读者感觉很多国学经典曲高和寡、晦涩难懂的现象，大连职业技术学院图书馆将经典阅读推广智能化，主动找寻"互联网+"加强智慧服务与读者经典阅读互动机制的契合点，提升师生读者们的经典阅读意愿，如在微信平台开展大学生读者诵读《三字经》《千字文》《弟子规》等比赛；开展诸葛亮《诫子书》"非淡泊无以明志，非宁静无以致远"的交流探讨，为教学科研基地、实训实习基地提供随时随地的智慧服务经典阅读推广。近年来，大连职业技术学院图书馆不断增加对经典图书购书经费的投入，结合学校专业特长构建以高职专业和课程设置为导向的图书馆信息资源体系，在馆藏建设上丰富了适合本校专业设置和课程设置的经典阅读资源。

大连职业技术学院图书馆借鉴国内名校经典阅读网络课堂资源，为旅游专业、学前教育专业、老年服务专业等搭建图书馆智慧服务经典阅读推广平台，推进"优质校"专业群建设蓬勃发展，形成图书馆智慧服务的和谐发展机制。

大连职业技术学院图书馆设置海报对经典阅读进行展示；通过互联网平台推广微电影，通过图书馆电子屏幕、短信、微信实时推送，使读者进一步了解最新的经典阅读活动信息；开展经典阅读实践活动使读者成为图书馆经典阅读活动的忠实粉丝；通过创设幽雅的馆舍环境、富有艺术感染力的现代馆舍建筑、先进的设备、丰富的馆藏文献、科学的管理、完善的规章制度等来营造智慧服务经典阅读推广的氛围，利用"互联网+"开展智慧服务经典阅读推广，对于提升读者的文化自信卓有成效。

第三节 图书馆多元化阅读推广活动研究
——以上海交通大学为例

一、图书馆阅读推广多元化趋势

（一）深度整合阅读资源

要想实现图书馆在多元化趋势下阅读推广的良好发展，就必须对现有的阅读资源进行深度整合，新时代的图书馆更加追求图书馆资源的质量及其对社会产生的影响力。因此，如何优化图书馆资源，满足社会群体的多元化阅读要求，让图书馆阅读资源的价值得到最大化发挥，是当下图书馆阅读推广需要解决的问题，这也就要求图书馆必须不断整合现有的阅读资源，做好资源分类、重组等工作，还要根据读者的需求对阅读资源进行及时更新，以此保障图书馆阅读推广效能最大化。

（二）数字化阅读

信息技术的进步为阅读推广提供了新的发展方向，新媒体在信息传播上有着很强的开放性、参与性、交互性与即时性。尤其是微信、微博、论坛、网站等媒介平台的出现，使人们的阅读行为发生了根本性的改变，也让传统图书馆的工作方式面临新的挑战。对此，图书馆必须对阅读推广工作进行数字化转型，这是当代图书馆阅读推广的必然趋势。

数字化阅读的出现，通过网络为民众提供了更高效、便捷的阅读方式，使民众能突破时间和空间的限制，随时随地进行阅读，在社会经济快速发展的今天，受快节奏生活方式和工作压力等原因的影响，很少有人专门前往图书馆，数字化阅读方式的出现则恰好解决了这个问题。

（三）重视读者服务并确保其效能发挥

"读者第一，服务至上"说明了图书馆读者服务工作的重要性。图书馆必须加强对读者服务的重视，确保服务效能得以充分发挥，从而提高人们对图书馆的认同度与满意度，随着社会科技水平的进步，人们每天都会接收到各种各样的信息，因此，"图书馆如何在信息泛滥中吸引读者的关注"是其工作的重点与难点。这就需要图书馆加强阅读推广，在确保阅读质量的前提下，把工作回归到对读者的服务上，由此来提升读者对图书馆的满意度，从而使二者形成良好的互动关系。

图书馆必须加强对读者服务的重视，优化与完善各种硬件、软件设施，确保数字阅读平台形成；优化工作管理模式，根据读者需求给予其合适的阅读推荐，同时做好后台服务工作。

二、图书馆多元化阅读推广服务体系的内容

从传统的基于纸质资源的阅读推广，到数字化阅读推广，到微平台互动式阅读推广，再到全媒体时代的多元化阅读推广，催生了服务模式的转变，具有多元主题形式、多元宣传渠道、多元组织管理、多元品牌价值等要素的多元化阅读推广服务模式成为主流。在图书馆多元化阅读推广服务的研究方面，大多围绕模式转变、发展趋势、活动创新等主题展开。

图书馆经过多年的经营，阅读推广活动逐渐从短期目标向长效目标发展，并在高校发挥着越来越重要的作用。图书馆应从总体规划的角度，构建多元化阅读推广服务体系，并与高校育人需求及图书馆的各项职能相契合。

（一）多元化的资源推荐

第一，结合特色空间的广泛性推荐。将资源、空间、读者、馆员、设施、技术等多元阅读推广服务基础元素相结合，通过与读者的交流和对推荐资源的分析，探索不同主题、不同规模的特色阅读空间建设和管理方法。如常设阅读空间的经典阅读推荐、分阅览室的专题资源阅读推荐、醒目空间的新到馆图书推荐、智能空间的特色资源推荐等。

第二，面向特定人群的定向性推荐。普通人群和特殊人群对于图书馆阅读推广的需要有所不同。图书馆的目标人群主要为校内读者，特质较为相近，但具体需求也有差别。结合数据分析，了解不同身份读者阅读习惯和兴趣需求，面向新生、留学生、毕业生分别设计"迎新季""多语共吟""毕业季"等主题活动，面向本科生、研究生、教职工等不同身份群体进行资源推荐和服务品牌设计，面向学科专业人员进行分专业的定向资源展示和推荐，面向社会大众提供科普教育服务等。

第三，实体与数字相结合的特藏资源推荐。将特藏的实物如古籍善本、书籍珍本、手稿、书信等稀缺和珍贵藏品与数字化后的数字资源进行内容关联，其知识内容专业性强，可为不同领域的师生开展深层次研究与探索提供培育的土壤，并激发师生的研究兴趣与探索的欲望。

（二）支持教学、科研

第一，与学科服务团队合作。通过调研和数据分析了解不同专业读者的阅读现状和需求，结合专业人才培养目标，开展有针对性的、成果评价有标准可依的阅读推广活动。通过了解读者需求，在服务前期设置评价标准，有效促进阅读推广服务成效评价，完善体系闭环发展。

第二，与院系任课教师合作。融入通识课堂，创新教学模式，引导阅读于无形之中。将课堂搬到图书馆，开展导读活动，培养学生对图书馆、对阅读的热爱。

（三）多元化的文化传播

第一，弘扬中华优秀传统文化。在教育"回归"的大趋势下，通过阅读经典，渗透中华优秀传统文化；通过阅读与行走相结合的创新形式，加深对优秀文化的认识和认同，激发文化自信，帮助学子树立文化保护和传承的理念。

第二，培养爱国主义情怀。图书馆可尝试与思想政治课名师合作，改变思想政治课教学的传统模式，借助图书馆特有的文化育人空间，推荐阅读书目、开展阅读分享和传统文化体验活动等，让学生的心理、思想、品德、个人修养与中国传统文化中所倡导的美好品质有机结合，进而更好地感受、学习中华民族优秀文化。

（四）多元化的服务社会

第一，服务学区共建。图书馆应积极探索和勇于尝试将阅读推广活动辐射到周边社区，通过举办诗歌鉴赏、知识等阅读推广活动，倡导以"大手拉小手"的形式促进大、中、小学生共同阅读、携手成长，同时体现大学立足地方、反哺社会的功能，也有效完善阅读推广体系中服务社会的功能。

第二，拓展科普教育。依托图书馆的特色资源优势，配合社区学校的资源需求，针对青少年这一特殊群体，创新开拓文化服务手段，广泛开展科普教育活动，促进科学精神的宣扬与传播，充分发挥图书馆的价值引领和服务社会的良好作用。

三、图书馆多元化阅读推广活动的应用实践

阅读推广工作的管理者应该进行统筹规划和总体部署，把握服务的方向、内容的策划以及资源的调配组织等一系列问题。下面以上海交通大学①图书馆阅读推广为例，解读多元化阅读推广服务体系在图书馆的应用实践。上海交通大学图书馆阅读推广工作是由图书馆领导决策层进行统筹规划与部署，选择适合人选组建阅读推广工作组，以项目的方式开展阅读推广工作。由于阅读推广工作内容涉及面较广，阅读推广工作组采用横向合作的方式与图书馆各部门保持活动共建的工作模式，由图书馆领导层进行资源协调，形成全流程管理与完善的工作机制。

（一）上海交通大学图书馆阅读推广的活动策划

阅读推广的活动概念较为广泛，既有如阅读展区的长效服务模式，也有如名师讲坛的短期服务模式，还有如资源服务平台的个性化服务模式。

1. 阅读推广的内容设计

内容设计是一次或一系列阅读推广服务的战略部署，活动内容设计书编制的合理性和完整性将直接影响活动的质量。在制定活动主题时，需要确定活动的需求是阅读推广服务

---

① 上海交通大学是中国历史最悠久的高等学府之一，是教育部直属并与上海市共建、中央直管的全国重点大学，位列国家"双一流""985工程""211工程"重点建设高校。

品牌驱动还是新增需求驱动,若为服务品牌的例行活动或常规服务(如阅读空间服务),则根据品牌活动的规范流程进行操作,可根据内容的特点进行创新,挖掘活动的亮点。引导读者激发自身的阅读能力、阅读兴趣,并遵循以下五个原则:①具有创意性、吸引力;②契合读者的阅读需求;③具有一定的服务覆盖面,能服务到更多读者;④内容积极向上,传递正能量和主流价值观;⑤具有较强的宣传力度。

2. 阅读推广的人员组织

阅读推广活动依靠图书馆员和学生社团的通力合作共同推进。一场或一系列有影响力且具有效果的活动需要馆员承担更多具有挑战性的工作。目前,我国在阅读推广馆员制度方面还缺乏制度设计、制度安排与制度规定,现有的图书馆制度部分可用于阅读推广,但其针对性和系统性均达不到要求。因此,各图书馆在现有的阅读推广服务中不断借鉴与摸索,场控、会务、主持、礼仪、嘉宾接待等角色有异于图书馆的常规服务,图书馆员通过自发的学习与创新,已逐步完善并趋于成熟。

3. 阅读推广的资料准备

阅读推广活动的资料准备包括阅读资源、活动场地与物料等。阅读资源是阅读推广的基础,可分为纸质资源和数字资源,纸质资源包括图书、期刊、手稿、书信等,一般通过展览、线下活动和借阅的方式进行推广,随着阅读环境的发展,数字资源的表现形式更为丰富,包括图片、音频、视频、数据、三维模型等;活动场地与物料是阅读推广活动的环境构建,一般而言,不同活动类型对场地有不同要求,主要有音响、投影、道具等场地设施的布置,同时还需要宣传海报和资料袋等辅助物料,竞赛类活动可能还需要准备奖品和证书等。

4. 阅读推广的活动方式

阅读推广的活动方式主要分为线下推广、线上推广以及综合推广。

(1) 线下推广。线下推广主要是以交互类、诵读类和竞赛类等阅读推广活动为主,由专家与读者、读者与读者之间构成主客体阅读交互模式,此推广方式是沉浸式阅读体验,在持续的信息交互环境中使得参与者的注意力更持久。

(2) 线上推广。与线下推广相比,线上推广的组织难度相对较小、成本更低、覆盖用户范围更大、用户互动参与率更高、传播效果更好,特别是随着大数据、智能技术的发展,能发挥个性化推荐、机器智能推荐的巨大功能,提高数字阅读推广的精准性和成效。

(3) 综合推广。如今,阅读推广活动很多采用综合推广方式,即线下与线上相结合,如图书馆线下的荐书展览活动与电子书的扫码对接,可实现纸质书与电子书的有效关联;上海交通大学图书馆利用移动视觉搜索技术将特藏展览中的资料与线上数字资源库进行结合，打通了阅读推广服务中资源获取的最后一环。

5. 阅读推广的宣传途径

宣传途径即推广主体（图书馆）面向目标用户发布推广信息的途径或媒介。阅读推广的宣传途径可分为线下和线上两类，线下宣传主要包括阅读空间、海报、公告牌、宣传手册、服务导览、馆员引导等；而线上宣传途径则更为广泛丰富，主要包括图书馆主页、微博、微信、网络社群、数据库、电子期刊、短信、邮件、各类数字终端等。图书馆在具体的阅读推广宣传中，应采用线上与线下相结合的宣传模式，并且借助校职能部处（如学校宣传部等），打通各个宣传渠道，以实现事半功倍的效果。

6. 阅读推广的反馈评价

反馈评价是阅读推广的重要环节，通过反馈评价对活动中的不足加以完善和修正，实现阅读推广活动的全流程闭环管理。成效反馈的方法常见的有观察法、内容分析法和问卷调查法，通过反馈的信息对阅读推广活动进行有效的评价。评价主体可以是推广主体或目标用户，也可以是第三方机构（管理机构、专业评估机构等）。例如，上海交通大学图书馆每年在世界读书日会发布年度阅读报告，对阅读情况进行全面"体检"，通过资源利用、推广活动、借阅服务、场所利用等各类反馈数据多维度展示图书馆的阅读推广成效。

（二）上海交通大学图书馆阅读推广的服务品牌

上海交通大学图书馆经过长期的经营与打磨，逐渐形成了多元化服务品牌体系，不同的阅读推广品牌，具有不同的主题与内涵，包括荐书类、诵读类、交互类、竞赛类、讲座与展览类以及其他类。

1. 强化阅读推广的品牌建设

图书馆从阅读推广服务之初即重视品牌建设，如"鲜悦"是上海交通大学图书馆赋予真人图书馆活动的专有名称，提倡沟通、分享、交流、启迪，理念是"藉人为书、分享智慧"，目标是"交大薪火、传承你我"。制定选"书"标准、优化主题、打通品牌宣传渠道等，逐渐成为上海交通大学学子的一种"阅读"方式，也成为阅读推广的重要品牌之一。自"鲜悦"品牌成熟之后，以科普为切入点的"交图·学堂"，秉持弘扬科学精神和激发创新思维的推广理念，其特色活动面向师生和社会公众举办了近100场，逐渐形成了具有一定影响力的科普品牌。此后，陆续推出了"思源荐书""书之道""领读者"等一系列反响颇佳的阅读品牌。

2. 构建阅读推广的品牌矩阵

图书馆逐渐形成了六个维度的阅读推广服务品牌。

（1）荐书类多采用移动阅读模式。有虚实结合的阅读 App，从书、诗、文三个角度推出"交圕喜阅""交圕月历"和"交大人文脉时光"线上阅读推广服务。

（2）交互类是面对面交互的活动模式。"鲜悦"举办精品读书会，围绕热门图书的创作历程，开展作者与读者的深度交流，填补了校园讲座完全以"书"为核心的空缺。

（3）讲座与展览类承担了大学生第二课堂的职能。"交圕师说"从剖析上海交通大学成果的角度弘扬大学文化，"交圕学堂"则从科普教育的角度宣传科普知识。

（4）诵读类是经典图书、诗歌、散文等共同阅读与欣赏的活动模式。"领读者"围绕经典图书采用名师领读和个人领读两种方式进行阅读引领，"交圕诗画"围绕文、诗、画等中国优秀文化进行阅读欣赏。

（5）竞赛类以比赛和评选的方式增强读者参与阅读的兴趣。"我是领读者"演讲大赛挖掘了大量爱阅读的读者，并以此展示了大学生风采，"阅读奖学金"则是围绕阅读，鼓励大学生多阅读多思考。

（6）其他类是对现有阅读推广类型的一种补充，既是满足读者需求的体现也是阅读推广的拓展与探索。"交圕行阅"突破了传统的阅读活动模式，每次活动围绕一个主题，让师生们在行走式阅读中获得更多的体验与感受。"思源悦读"嵌入大学生入学手册，尝试将图书馆的阅读推广以个性化 App 的方式融入大学生的整个学习生涯。

（三）上海交通大学图书馆阅读推广的推广渠道

阅读推广渠道模式从单一渠道向多渠道发展，再向复合型渠道升级。从推广渠道类型上，可分为图书馆渠道、第三方渠道和拓展渠道。

第一，图书馆渠道是指图书馆自身建立的具有特色的推广渠道。常见的有图书馆阅读空间、图书馆微信、图书馆微博、图书馆阅读 App 等。此外，上海交通大学图书馆在 2019 年申请了抖音、快手等短视频自媒体平台，发布自制的图书推荐、科普视频、活动宣传等。

第二，第三方渠道是指合作机构提供的阅读推广渠道。常见的有其他图书馆、数据库资源商、行业协会、政府活动网等，此外，还包括网络社群机构，如图书馆微信、微博、QQ 群、阅读类 App 等。

第三，拓展渠道指的是阅读推广的辅助渠道。其并非直接与阅读推广活动关联，但可对阅读推广起到促进发展的作用，如上海交通大学图书馆引入社会机构资助，提供竞赛类阅读推广项目——"信璞耕读奖学金"①，以阅读为核心的评价体系，通过拓展方式促进了高校的阅读推广。

四、图书馆多元化阅读推广活动的完善措施

第一，融媒体阅读空间。以图书馆场所改造为应用实践，探索新型融媒体环境下的阅读空间建设，将纸质资源与数字资源相结合，将传统阅读与虚拟阅读相结合，创建无处不在的跨媒体、跨类型和跨模式的多维阅读空间。

第二，精细化阅读引导。加强对读者的阅读目的、阅读深度、阅读质量及思考等的重视。充分发挥高校特有的优势，发挥名师的引领作用，鼓励学生阅读并分享感悟，发挥朋辈效应。

第三，创新性阅读体验。积极寻求技术合作，以平面阅读、数字阅读、立体阅读和交互阅读等共生的阅读方式，使用AR、MR、互动等备受年轻人推崇的技术手段为依托，拓展阅读推广服务的内涵和外延，提升创新性阅读体验。

第四，品牌影响力提升。在已有的阅读服务品牌的基础上，凝练品牌内涵，形成1到2个特有的品牌系列，构建高质量、有成效的文化育人服务品牌，从而提升品牌影响力。

第五，深耕云阅读推广。疫情使得阅读推广服务模式从线下转为线上，也将是未来阅读推广的主要服务阵地，例如华东师范大学的云阅读，上海交通大学的云讲座等。图书馆仍需要加快云模式的阅读推广，依托软硬件优势，形成线上线下相结合的服务体系。

---

① 信璞耕读奖学金由上海信璞投资管理中心（有限合伙）设立，旨在鼓励热爱阅读和独立思考的在校优秀学生。

参考文献

[1] 包鑫，柯平．面向国家安全战略的图书馆新安全观［J］．图书馆论坛，2023，43（01）：23-29.

[2] 毕洪秋，王政．真人图书馆与阅读推广［M］．北京：朝华出版社，2019.

[3] 曾亚芳．由精神容器至公共场域［D］．杭州：中国美术学院，2020：1.

[4] 查先进，张坤，严亚兰．数字图书馆智能信息推荐服务满意度影响机理的扎根研究［J］．情报学报，2022，41（01）：83-95.

[5] 陈定权，王孟卓，钱海钢．图书馆实施RFID的技术与管理问题［J］．图书情报工作，2020，64（21）：34-41.

[6] 陈新昕．生态图书馆的构建及智能化服务的体系管理［J］．环境工程，2023，41（03）：306-307.

[7] 崔卓缘．公共图书馆开展少儿教育戏剧活动何以可能——以上海少年儿童图书馆"绘本遇上即兴戏剧"为例［J］．图书馆杂志，2022，41（08）：69-75+138.

[8] 邓李君，杨文建．对图书馆应用人工智能的理性思考［J］．图书馆工作与研究，2021（04）：57-64.

[9] 邓李君，张晓梅，戴君琴．图书馆应用人工智能的障碍与对策分析［J］．图书馆工作与研究，2022（04）：65-69.

[10] 范并思．从阅读到全民阅读：图书馆阅读推广的理论逻辑［J］．图书馆建设，2022（06）：44-52.

[11] 方嘉瑶．基于4S营销理论的图书馆移动阅读推广研究——以东莞图书馆为例［J］．图书馆学研究，2020（02）：81-87.

[12] 龚蛟腾，陈建辉，洪芳林．高校图书馆阅读推广空间建设案例分析与启示［J］．图书馆学研究，2023（03）：83-92.

[13] 谷慧宇．图书馆管理的创新方法研究［M］．延吉：延边大学出版社有限责任公司，2021.

[14] 郭姝，周晅．融媒体时代全民阅读推广路径探析［J］．青年记者，2022（12）：82-83．

[15] 侯志江．人工智能在图书馆的实施路径研究［J］．图书馆工作与研究，2021（06）：82-88．

[16] 黄红梅．图书馆移动阅读推广营销模式及其优化研究［J］．图书馆工作与研究，2021（02）：123-128．

[17] 黄雅麟．沉浸式阅读视域下公共图书馆阅读推广理念和路径探索［J］．图书馆，2022（08）：105-110．

[18] 黄燕．图书馆阅读推广融合发展动力机制研究——以粤港澳大湾区为例［J］．图书馆，2023（03）：47-53．

[19] 李菲菲．基于人工智能的智慧图书馆建设的逻辑和方法研究［J］．情报科学，2021，39（12）：87-92．

[20] 李建明．高校图书馆阅读推广与服务机制构建［M］．北京：航空工业出版社，2019．

[21] 李娇，孙坦，鲜国建，等．智能时代图书馆空间功能及服务创新的研究与思考［J］．图书情报工作，2022，66（01）：138-145．

[22] 李立睿，张嘉程，魏银珍，等．智能机器人赋能图书馆服务：内涵、特征与实施路向［J］．图书馆学研究，2022（11）：10-18．

[23] 李若梦．人工智能新时代下图书馆自动化工作创新路径探析［J］．信息记录材料，2020，21（06）：54-55．

[24] 李易宁．图书馆核心价值的争论——在图书馆的社会职能中探寻其核心价值［J］．图书馆，2015（2）：23．

[25] 李颖．公共图书馆学龄前儿童绘本阅读推广探析——以天津图书馆（天津市少年儿童图书馆）梦娃绘本馆为例［J］．图书馆工作与研究，2020（S1）：141-144．

[26] 刘校静．基于智能化技术的图书馆治理变革新思路［J］．出版广角，2020（06）：86-88．

[27] 缪建新编；王余光，霍瑞娟，等．志愿者与图书馆阅读推广［M］．北京：朝华出版社，2020．

[28] 牛晓菲，郝永艳，刘迎春，等．基于用户利用数据的高校图书馆资源共享服务趋势与优化策略探究［J］．大学图书馆学报，2020，38（02）：63-68．

[29] 平安．图书馆 OA 图书资源图书馆资源建设与思考［J］．图书馆工作与研究，2020（S1）：65-69．

[30] 史丹，杨新涯，涂佳琪．"十四五"图书馆基础服务的创新发展研究［J］．图书情报工作，2021，65（01）：64-69．

[31] 宋冠群．现代图书馆管理的理念与实践探索［J］．大学图书馆学报，2020，38（04）：129．

[32] 宋兴辉．基于 RFID 技术的智慧图书馆应用探索——以深圳智慧图书馆为例［J］．出版广角，2020（03）：85-87．

[33] 王会梅．图书馆管理与服务研究［M］．北京：现代出版社，2019．

[34] 王建伟，刘广燕．传统图书馆智能化的潜在张力与发展趋势［J］．出版广角，2020（12）：91-93．

[35] 王文．数字环境下的图书馆管理与阅读服务［M］．北京：现代出版社，2018．

[36] 王岩玮．基于高质量发展理念的图书馆资源共享层次性分析［J］．图书馆，2021（04）：14．

[37] 吴爱芝．大数据时代高校图书馆智慧化学科服务研究［M］．北京：海洋出版社，2018．

[38] 吴佳丽．高校图书馆阅读推广理论与实践研究［M］．延吉：延边大学出版社，2019．

[39] 武洪兴．基于物联网的智慧图书馆应用构想［J］．图书馆工作与研究，2020（03）：85-91．

[40] 夏正伟，李全，端文慧，等．RFID 图书自动盘点机器人应用研究——以武汉大学图书馆为例［J］．图书馆杂志，202039（01）：61-66+55．

[41] 肖玲玲．区域一体化背景下图书馆资源共建共享与服务联盟研究［J］．出版广角，2020，（16）：84-86．

[42] 谢薛芬．浅谈高校图书馆工作［M］．杭州：浙江工商大学出版社，2018．

[43] 杨倩．智能机器人技术在图书馆中的应用历程与展望［J］．大学图书馆学报，2021，39（06）：30-37．

［44］ 杨晓燕．图书馆智能化管理模式实现路径［J］．图书馆学刊，2020，42（03）：63.

［45］ 张晗，姚丽婷，吴洁，等．场景时代深圳数字阅读推广的技术逻辑与实践创新[J]．出版发行研究，2023（02）：70.

［46］ 张亚影．高校图书馆阅读推广活动的设计与实践探索［J］．文化学刊，2023（02）：186.